大明寺

韦明铧·著

符号江苏·口袋本

DAMINGSI

江苏凤凰美术出版社

图书在版编目（CIP）数据

大明寺 / 韦明铧著. -- 南京：江苏凤凰美术出版社, 2024.9. -- (符号江苏：口袋本). -- ISBN 978-7-5741-2298-7

Ⅰ. K928.75

中国国家版本馆CIP数据核字第2024H5V039号

责任编辑	舒金佳
责任校对	施 铮
责任监印	张宇华
编务协力	李 瑶
设计指导	曲闵民
责任设计编辑	赵 秘

书　名	大明寺
著　者	韦明铧
出版发行	江苏凤凰美术出版社（南京市湖南路1号　邮编：210009）
制　版	南京新华丰制版有限公司
印　刷	南京新世纪联盟印务有限公司
开　本	787 mm×1092 mm　1/32
印　张	6.125
版　次	2024年9月第1版
印　次	2024年9月第1次印刷
标准书号	ISBN 978-7-5741-2298-7
定　价	45.00元

营销部电话　025-68155675　营销部地址　南京市湖南路1号
江苏凤凰美术出版社图书凡印装错误可向承印厂调换

"符号江苏"编委会

主　任　张爱军

副主任　赵金松　章朝阳　胡　竹　徐　海

委　员　张潇文　樊　明　陈　敏　龚文俊

　　　　周　彬　王林军　刘沁秋　白立业

　　　　徐　辰　舒金佳

禅修大明寺
诗溢平山堂

辛卯铎先生题
大明寺 熊竹 书

目 录

前 言 …………………………………………001

第一章　大明寺古今
第一节　大明寺简介……………………………004
第二节　大明寺碑刻……………………………014
第三节　琼花复活记……………………………017

第二章　栖灵塔诗话
第一节　栖灵塔变迁……………………………023
第二节　李白《秋日登扬州栖灵塔》…………028
第三节　高适《登广陵栖灵寺塔》……………029
第四节　刘长卿《登扬州栖灵寺塔》…………031
第五节　白居易《与梦得同登栖灵塔》………032

第六节　刘禹锡《同乐天登栖灵寺塔》⋯⋯⋯⋯⋯⋯⋯033

第七节　韦应物《登楼》⋯⋯⋯⋯⋯⋯⋯⋯⋯⋯⋯⋯035

第八节　陈润与蒋涣《登广陵栖灵塔》⋯⋯⋯⋯⋯⋯⋯036

第三章　鉴真纪念堂

第一节　鉴真大和尚⋯⋯⋯⋯⋯⋯⋯⋯⋯⋯⋯⋯⋯⋯042

第二节　鉴真纪念堂⋯⋯⋯⋯⋯⋯⋯⋯⋯⋯⋯⋯⋯⋯046

第三节　真人元开与《唐大和上东征传》⋯⋯⋯⋯⋯⋯050

第四节　圆仁与《入唐求法巡礼行记》⋯⋯⋯⋯⋯⋯⋯053

第五节　梁思成与鉴真纪念堂⋯⋯⋯⋯⋯⋯⋯⋯⋯⋯⋯058

第六节　赵朴初与鉴真纪念堂⋯⋯⋯⋯⋯⋯⋯⋯⋯⋯⋯060

第七节　常书鸿与鉴真纪念堂⋯⋯⋯⋯⋯⋯⋯⋯⋯⋯⋯063

第八节　鉴真与《天平之甍》⋯⋯⋯⋯⋯⋯⋯⋯⋯⋯⋯070

第九节　鉴真与《苦海沉浮》⋯⋯⋯⋯⋯⋯⋯⋯⋯⋯⋯073

第十节　鉴真与《鉴真邮票珍藏册》⋯⋯⋯⋯⋯⋯⋯⋯077

第四章　鉴真佛学院

第一节　大明寺佛学院⋯⋯⋯⋯⋯⋯⋯⋯⋯⋯⋯⋯⋯⋯081

第二节　鉴真佛教学院⋯⋯⋯⋯⋯⋯⋯⋯⋯⋯⋯⋯⋯⋯083

第五章　平山堂怀古

第一节　远山来与此堂平⋯⋯⋯⋯⋯⋯⋯⋯⋯⋯⋯⋯⋯090

第二节　文章太守欧阳修⋯⋯⋯⋯⋯⋯⋯⋯⋯⋯⋯⋯⋯096

第三节　欧公柳故事⋯⋯⋯⋯⋯⋯⋯⋯⋯⋯⋯⋯⋯⋯⋯100

目录

第四节　《平山揽胜志》与《平山堂图志》……………104

第六章　第五泉品茗

第一节　西园山水……………………110
第二节　天下第五泉…………………115
第三节　鹤冢传奇……………………118
第四节　第五泉与"殿司"砖…………121

第七章　石涛在扬州

第一节　何处大树堂…………………125
第二节　寻觅大涤子…………………130
第三节　追溯大涤山…………………133

第八章　石涛与蜀冈

第一节　"黎明努力上平山"…………139
第二节　"大笑宝城今日我"…………142
第三节　"许多儿女问红桥"…………145
第四节　"韩园虽好殡宫荒"…………148
第五节　"北郭名园水次开"…………150
第六节　"漫洒孤山雪后坟"…………152

第九章　江北刻经处

第一节　江北刻经处与金陵刻经处…………158
第二节　江北刻经，延绵圣火…………………162

第十章　历代名人录

第一节　鉴真弟子……………………………169

第二节　外国友人……………………………171

第三节　当代名流……………………………175

后　记 ……………………………………179

前　言

　　大明寺和瘦西湖谁更能代表扬州？对这个问题只能回答：论历史底蕴应数大明寺，论旅游热度应数瘦西湖。

　　大明寺和平山堂谁更能代表扬州？对这个问题也只能回答：论国际影响应数大明寺，论文化源流应数平山堂。

　　对于大明寺，我有两件事情一直难忘：一是1963年纪念鉴真和尚圆寂1200周年，时任扬州市文化处副处长的家父韦人先生参加了活动；二是1980年鉴真和尚坐像从日本回扬州展出，我作为工作人员参与了接待。

　　1980年我还在南京工作，尚未调回扬州。因为鉴真坐像回国，这一年4月17日的《南京日报》发表了我写的文章《鉴真在南京》——

　　公元748年，鉴真一行进行第五次东渡，因遇到飓风，在海上漂流了14日后，几经辛劳，到达了海南岛南端。嗣后，鉴真北返，于公元751年到达江宁，即今天的南京，当时属润州（今镇江）所治。

　　据《唐大和上东征传》载，鉴真"至润州江宁县，入瓦官寺登宝阁。阁高二十丈，是梁武帝之所建也，至今三百余岁"。关于这座宝阁，有些神异的传闻。据说此阁建成之后，有一天夜里狂风大作，翌日清晨人们看到阁的四周有八个神的足迹，"长三尺，入地三寸"。后来人们就造了四个神像，供养在阁周。鉴真一行来到瓦官寺，首先就登临了这座宝阁。

鉴真和尚来到江宁后，他在江宁的弟子灵祐从栖霞寺来迎。灵祐是鉴真的高足之一，也是当时著名的高僧。《唐大和上东征传》称他是鉴真"弟子中超群拔萃、为师范者"。他并不赞成鉴真去日本。鉴真第四次东渡时，灵祐等一部分弟子出于对鉴真的热爱，舍不得让师父去冒渡海的危险，曾暗中上书官府，让官兵阻止鉴真一行的行动，致使第四次东渡止于半途。事隔7年之后，灵祐在南京又见到了日夜思念的师父鉴真，他又悲又喜，跪在鉴真面前，用头顶着师父的脚，深情地说："听说师父又远涉重洋，到日本去，我以为这一辈子再不能见到师父的面容了。谁知今日又见到师父，并能亲自向师父行礼。这就好比是盲龟开眼见了天日，戒灯重明大放光芒，昏黑的道路又豁然开朗了。"旋即把鉴真迎往栖霞寺，住了三日。

鉴真这次来到江宁，双目已经失明。他虽然不再能看到龙蟠的钟阜、虎踞的石城，但他能听到栖霞山中回荡的林涛，能感到燕子矶头劲吹的江风。这些，当会更加激发这位大师百折不挠、东渡弘佛的信念吧！

两年之后，即公元753年，鉴真终于实现了自己的夙愿，来到了一衣带水的邻邦——日本。

"春风又绿江南岸，明月何时照我还？"正值春风送暖、江南新绿的时节，在日本唐招提寺的鉴真大和尚坐像回到中国故乡"探亲"了。此时此际不但扬州人、南京人，而且全中国人民都衷心景仰这位中日人民的友好使节。照耀着他归来的将不仅是故园夜空的明月，更有普照中华的红日。

扬州大明寺具有其他佛寺所没有的特点：

它是扬州古刹中始建时间最早，而又一直没有中断佛教活动的寺庙；

它是中日友好先驱鉴真大和尚东渡扶桑的起点；

它东园的栖灵塔登临过李白、高适、刘长卿、白居易、刘禹锡等一流诗人；

它西园的天下第五泉，系经茶圣陆羽品定；

它与文章太守欧阳修所建的平山堂共处千年，佛儒一家；

它是清初四僧之一石涛的长眠之地；

它的鉴真纪念堂倾注了梁思成、赵朴初、常书鸿等名家的大量心血……

前些年，我在《扬州名片》一书中把大明寺作为扬州城市名片向世人介绍。多年来，我对过海大师鉴真、文章太守欧阳修、清初画僧石涛等，也都十分关注并不断研究。同时，我又和大明寺方丈能修法师在政协共事，在鉴真佛教学院担任特聘教授，为《鉴真学报》撰写学术文章，并连续担任鉴真佛教学院理事会常务理事。在鉴真法师坐像再次回国探亲之际，我有幸策划撰写《鉴真纪念邮册》，并赋《题鉴真大师坐像回乡》一绝：

曾闻精卫敢填海，还美女娲能补天。

为渡苍生拼一命，只将道义担双肩！

凡此种种，都让我觉得有责任写好《大明寺》。所以，当江苏凤凰美术出版社约写《大明寺》一书时，我欣然答应。

2023 年 9 月 22 日于扬州帆庐

第一章

大明寺古今

扬州名刹大明寺,位于扬州西北蜀冈中峰。这里松柏参天,殿阁巍峨,既是佛教庙宇,又是风景名胜。全寺由大雄宝殿、平山堂、西园、平远楼、鉴真纪念堂、栖灵塔、卧佛殿、藏经楼等组成。

大明寺建于南朝宋孝武帝大明年间,故称大明寺,历史上又叫西寺、栖灵寺、法净寺。2006年5月25日,扬州大明寺被国务院批准列入第六批全国重点文物保护单位名单。

图1-1 蜀冈

第一节　大明寺简介

佛教传入扬州后,历代建寺立塔。经历2000年沧桑,寺塔今存不多,而大明寺幸存至今。

大明寺始建于刘宋大明年间,隋代以前的兴废,杳不可考。隋朝时,因寺在隋宫之西,故名西寺。仁寿元年（601）,隋文帝杨坚因笃信佛教,在其六十寿辰时下诏全国三十州立塔三十座,供奉舍利（佛骨）。其中一塔建在扬州,层高九级,称栖灵塔。寺从塔名,也改称栖灵寺。

唐天宝元年（742）,高僧鉴真在寺中讲律,后应邀东渡日本,传戒弘法。会昌年间,武宗诏令毁全国大寺4000余所、中小寺院40000余所,史称"会昌灭佛",大明寺亦未能幸免。唐会昌三年（843）,栖灵塔毁于大火。

图 1-2　大明寺正门

第一章　大明寺古今

北宋景德元年（1004），僧可政复建栖灵塔，然限于财力，仅建七级。庆历年间，欧阳修任扬州知州，建平山堂于大明寺西侧，平山堂之名遂高于栖灵寺。

明代天顺年间，僧福智重建寺庙，复称大明寺。万历年间，扬州知府吴秀增修。崇祯年间，盐漕御史杨仁愿再度兴建。

清廷避讳"大明"二字，改称栖灵寺。康熙、乾隆二帝多次南巡扬州，栖灵寺不断增建，规模逐步扩大，成为扬州八大名刹之首。乾隆三十年（1765），乾隆帝第四次南巡扬州，御笔题书"敕题法净寺"。咸丰年间，法净寺毁于咸同兵燹。同治年间，由盐运使方濬颐捐资，僧悟堂重建。光绪之后，殿宇年久失修，僧皎然募修，并新建天王殿。

图1-3　栖灵遗址牌坊

民国二十三年（1934），邑人王柏龄崇尚佛教，重修法净寺。

1957年8月，江苏省人民委员会公布法净寺为省级重点文物保护单位。1963年10月，为纪念鉴真和尚圆寂1200周年，鉴真纪念堂奠基并立碑，郭沫若题字，赵朴初撰碑文并书。"文革"中，僧众被赶离寺，然而佛像、文物等因国家明令保护，幸免于毁，由园林管理所管理。1973年11月，鉴真纪念堂落成。1980年3月为迎接"日本国宝鉴真和尚像中国展"，寺庙修缮一新，法净寺恢复旧名大明寺。

从1981年1月1日起，扬州市政府决定大明寺归还宗教部门管理。1982年，国务院将大明寺列为全国汉族地区重点开放寺庙之一。

图1-4　大明寺石额

第一章　大明寺古今

图 1-5　淮东第一观

图 1-6　天下第五泉

大明寺前有一座高大的牌楼，四柱三檐，斗栱托顶。牌楼正面题写"栖灵遗址"横额，背面题写"丰乐名区"横额，均为光绪年间两淮盐运使姚煜手书。山门两侧各嵌石碑，东为清初蒋衡所书"淮东第一观"，西为雍乾时王澍所书"天下第五泉"。

大明寺大门向南，首进是天王殿，正门上方嵌"大明寺"石额。走进天王殿，弥勒佛笑脸相迎，背面是护法神韦驮。东西两厢站立着威严的四大金刚，姿态各异，栩栩如生。

穿过山门，越过院落，是大雄宝殿。大雄宝殿坐北朝南，面阔三间，屋檐三重，三层檐下悬挂"大雄宝殿"横匾。跨入殿内，迎面供奉释迦牟尼等三尊大佛。背面为"海岛观音"群塑。殿内东西两旁，分列十八罗汉，也是神情、性格、姿态各不相同。北部两侧，还有禅宗六大祖师坐像。

图 1-7　大雄宝殿正面

第一章　大明寺古今

　　大雄宝殿院落西侧为"仙人旧馆"，内有平山堂、谷林堂、欧公祠以及西园。东侧是"文章奥区"，内有平远楼。清人赵之璧《平山堂图志》云："（汪）应庚所建平楼，其孙立德等增高为三级。飞槛凌虚，俯视鸟背。望江南诸山，尤历历如画。郭熙山水训云：自近山望远山，谓之平远。平远之意，冲融而缥缈，因此平远名之。"楼前庭院有古琼花一株，为康熙年间大明寺方丈道宏法师亲手所植，今列为古树名木。平远楼有石碑"印心石屋"，系道光帝为陶澍所题。

　　大雄宝殿东园有藏经楼，赵朴初题"藏经楼"三字。藏经楼是佛寺珍藏佛教经典的场所。大明寺旧有藏经楼，早毁。1985年4月，将扬州城南福缘寺残存的七楹藏经楼拆卸，移至大明寺新址重建。藏经楼面南，二层五楹，

图 1-9 文章奥区

第一章 大明寺古今

图 1-10　藏经楼

九架梁，单檐硬山，前有卷棚廊，大厅内顶棚作藻井状，每一方格中彩绘盘龙图案。屋脊上阳嵌"法轮常转"四字，阴刻"国泰民安"四字。内藏乾隆《大藏经》《佛光大藏经》、敦煌《经卷》等诸多佛教典籍。藏经楼正厅两侧悬有赵朴初集《金刚经》句楹联：

　　当知是处恭敬供养，不可以百千万劫说其功德；
　　若复有人受持读诵，已非于三四五佛种诸善根。

前行有卧佛殿，单檐殿庑式建筑，翘角飞檐，古典庄严。殿前高悬"卧佛殿"金字匾，亦赵朴初手书。卧佛殿开间五楹，中间偏大，左右略小。大殿屋顶铺蝴蝶瓦屋面，东西两端有瑞兽。屋脊正面嵌"寂灭为乐"四字，背面嵌"世界和平"四字。殿内设石榻一座，上卧释迦牟尼玉佛，为缅甸仰光的吴哥礼市长于1996年所赠。

东园又有钟楼、鼓楼，左为钟楼，右为鼓楼。钟楼、鼓楼形制相同，肃穆清幽，凝重浑朴，系仿唐代高僧鉴真在日本奈良唐招提寺所建的钟楼、鼓楼风格，均为两层建筑。底楼于东、南、西三个面开门，北为楼梯，檐下分别悬"钟楼""鼓楼"二字匾额。钟楼中悬挂巨钟一尊，

图1-11 卧佛殿

图 1-12　钟楼

图 1-13　鼓楼

高 2 米，正面铸"大明寺"三字，背面镌"十杵钟声，十方普闻；庄严国土，利乐有情"等字。钟为佛教法器，击之以召集僧众。晨昏各击大钟 108 下，以合一年十二月、二十四节、七十二候之数，消除人间 108 种烦恼。鼓楼正中置大鼓一面。鼓也是佛教法器，佛寺素有"晨钟暮鼓"之说。

关于栖灵塔、天下第五泉、鉴真纪念堂等，后文分别叙说。

大明寺是国际佛教名寺。2001 年通过国家旅游局的验收，被批准为国家 AAAA 级旅游景点，2003 年被评为市级模范宗教活动场所。

宋人梅尧臣《游大明寺》云："秋叶已多蠹，古原看更荒。废城无马入，破家有狐藏。寒日稍清迥，群山分莽苍。田夫指白水，此下是雷塘。"道尽了大明寺的千古沧桑。

第二节　大明寺碑刻

大明寺留下的丰富碑刻，表明它在历史上受到的关注和重视，让今人进一步了解它的昨天。

对于古刹大明寺的兴衰，明人罗玘《重修大明寺碑记》写道：

> 距扬郡城西下五七里许，有寺曰"大明"，盖自南北

朝宋孝武时所建也。孝武纪年以大明,而此寺适创于其时,故为名。宋主奢欲无度,土木被锦绣,故创建极华美。垂至于唐,陆羽于此烹茶,味其寺之泉水为天下第五品,载在《茶经》可考。及阅都官员外郎梅圣俞《尧臣文集》内,赋有曰:"芜城之北大明寺,辟堂高爽,趣广而意庞。"又诗之《乱》曰:"此景大梁无。"则其旧规之观,美可窥矣。然历世既久,遂为瓦砾牛羊墟,过者兴慨。

对于佛家建立的大明寺,与儒生修筑的平山堂之间的关系,清人孔尚任《平山道弘禅师修创栖灵寺记》写道:

栖灵寺在扬州之蜀冈,即孝武所称大明寺者。其兴废莫可考,大抵皆隋之别馆改而成之。夫隋之别馆,竟不沦为榛莽,则寺有功。虽然,寺已寺矣,与隋何有焉?寺之西偏为平山堂,则六一公守郡时所筑,后贤嗣而葺之,今尚巍然。凡四方之游者,因寺而及堂,则寺有功。虽然,寺自寺也,与堂何有焉?余出使时,数过其间。寺僧道宏禅师必出笋蕨,留余久谈。余问所为风台、月观、萤苑、雷塘,已莫知其处,又问堂前之杨柳、壁上之龙蛇,犹仿佛可睹焉。乃叹隋氏之繁华不能休,而存其迹于寺;欧苏之风流不可起,而附其胜于寺,则寺乌得为无功?

具有特殊价值的是日本人常盘大定的《古大明寺唐鉴真和尚遗址碑记》,碑文表达了大明寺和鉴真法师带来的中日友好交往:

图 1-14 明人罗玘重修大明寺碑

古大明寺是唐鉴真和尚之遗址也。和尚实为海东律祖，又为初传台教祖。江阳县人，年十四，随父入大云寺，见佛像而出家。神龙元年（705），从道岸律师受菩萨戒。景龙初，抵长安，依荆州恒景律师禀具宝际寺，就融济律师学《南山钞》，依义威智全听《法砺疏》，历侍两京讲肆，该三藏，研台教。壮岁旋淮，住扬州大明寺，为戒律宗匠。天宝元年（742），日本荣睿、普照来寺听讲，拜请东渡。和尚言："我闻南岳思禅师生彼为王，兴隆佛法。又闻长屋王制千袈裟，施此土一千沙门，衣缘绣偈'山川异域，风月一天；寄诸佛子，共结来缘'，思是佛法有缘之地也，吾当往矣。"

此碑立于民国十一年（1922），是中日两国友好交往的历史见证。

第三节 琼花复活记

琼花是扬州市花，但是当代扬州人第一次看到真正的琼花，是在20世纪80年代初的大明寺。

那天因为鉴真和尚坐像展出的缘故，我去大明寺公干，偶然看到平远楼前有一株古树正值怒放，一树繁花，满地落英。因为园艺专家徐晓白教授的指点，才知道这就是闻名已久的琼花。我从地下捡起几片花瓣，夹在笔记本中，

图 1-15　琼花盛开

多年后这些发黄的花瓣仍在。

现在扬州人没有不知道琼花的,其实琼花在历史上失传已久,扬州人对它的认识似是而非。说起来非常可笑,清代扬州人以为琼花就是绣球或玉蕊。李斗《扬州画舫录》写道:"绣球种名不一,有名聚八仙者,昔人又因有琼花为聚八仙者,遂相沿以绣球为琼花。""自《春明退朝录》,始断以琼花为玉蕊。"李斗还说:"郡中既以绣球为琼花,而绣球、牡丹栽同一处,如桃花、杨柳之不可离。"琼花就这样被张冠李戴了许多年。琼花在当代被重新发现,归功于苏北农学院(今扬州大学)的徐晓白教授在大明寺发现了这株仅存的硕果,他也因此获得"琼花教授"的美誉。

1986 年 7 月 28 日,为了救治古琼花,15 位专家出席了大明寺古琼花复壮座谈会,形成《大明寺古琼花复壮研

图 1-16　琼花古树

讨座谈会纪要》。《纪要》说,大明寺古琼花原来长势良好,花叶茂盛,从 1983 年制作琼花标本以后,长势逐渐变差,去年虽然施了肥、垫了土,仍不见好转,其表现是花朵小、花期短,开花后枝叶萎缩。参会的徐晓白教授认为,这棵琼花古树不仅因为天牛危害,还有白蚁危害。工程师韦金笙认为,古琼花声誉高、影响大,应该使之复壮。最后座谈会明确,为了挽救琼花古树,必须及早采取措施,成立工作专班,专门负责琼花古树的复壮工作。座谈会后,工作专班开展救治工作,经过几个月的劳心劳力,终于使古琼花树转危为安。现在这棵琼花古树丛生枝干多达数十根,长势旺盛,一眼望去,枝繁叶茂。

琼花虽是扬州市花,但植物学辞典上并无"琼花"之名,它其实是聚八仙的变种。问题在于聚八仙生在别处就被视为聚八仙,生在扬州就被视为琼花,这表明扬州人需要琼花,扬州城需要琼花。琼花在某种意义上,象征着扬州的文化之魂。对于某些特殊的花木来说,它们在文化学、心理学、民俗学上的价值,往往大于植物学上的价值。牡丹之于洛阳,红叶之于北京,樱花之于东瀛,玫瑰之于西欧,都不再是简单的、平凡的、普通的植物。扬州的琼花也是如此。由于历史的积淀与层累,说琼花蕴涵的丰富而深长的文化意味,已经超出了植物学范畴。

第二章 栖灵塔诗话

栖灵塔始建于隋文帝仁寿元年（601），因塔中供奉佛骨，故名"栖灵"。清人汪应庚《栖灵寺塔基记》引《大观图经》云："隋文帝仁寿元年，以诞辰诏海内清净处立塔三十所，此其一也。"原塔毁于唐，宋人重建又毁，今栖灵塔乃是新建。

塔为九层，雄踞蜀冈，高耸入云，名闻遐迩。唐代诗人李白、高适、刘禹锡、白居易等人都登临该塔，留下诗篇。

第一节　栖灵塔变迁

栖灵塔原是木结构，峻峙高冈，矗立云表。李白《秋日登扬州栖灵塔》称其"宝塔凌苍苍，登攀览四荒"，高适《登广陵栖灵寺塔》称其"直上造云端，凭虚纳天籁"。白居易和刘禹锡在扬州同登栖灵塔，各有诗记其事，所谓："半月腾腾在广陵，何楼何塔不同登？"成为一段历史佳话。

唐武宗会昌三年（843），栖灵塔遭火焚毁。清嘉庆《重

图 2-1 栖灵塔全景

修扬州府志》记载了两段传说:"旧志云:当塔毁时,或见空中祥云拥一塔而去。有国使自高丽回,见一僧手擎一塔,问之,云:'扬州栖灵寺塔也。'至州,塔已焚。计其时,乃遇僧之日。"又引述《独异志》云:"唐武宗毁寺前,淮南词客刘隐之游明州,梦泛海,见塔东渡。海门僧怀信居塔第三层,凭栏与隐之言:'暂送塔过东海,旬日而还。'隐之归扬州,访怀信。信曰:'记海上相见时否?'隐之了然省记。数夕,大火焚塔,俱尽。旁有草堂,一无所损。"

这些传说体现了人们对栖灵塔安危的高度关注。佛教史上有多次灭佛运动,以唐武宗灭佛最为彻底。有关栖灵塔的神话传说,表明当时扬州僧俗不愿这座宝塔在劫火中被毁,希冀出现奇迹。等到宋仁宗景祐年间,僧人可政发愿重建栖灵塔,但只砌了七层,命名"多宝"。后经郡守申报朝廷,赐名"普惠"。不过,没有多久,塔与寺俱圮。

1987年,大明寺方丈瑞祥发愿重建栖灵塔,十方信士及海外檀越纷纷捐施。在各方支持下,1991年5月6日,大明寺东园举行隆重奠基仪式。其后,由扬州古建筑工程师潘德华拟定设计方案。隋代栖灵塔没有图纸,构造式样也不见史籍记载。潘德华从刘禹锡"九层云外倚栏干"、刘长卿"盘梯接云气,半壁栖夜魂"等诗句,领悟到古栖灵塔是运用盘梯形式螺旋而上的九级浮屠。又从李白"水摇金刹影,日动火珠光",联想到塔顶还须嵌缀一颗镏金火珠。同时，参考国内外各地古塔图片，几番构想，几番运筹，绘制出草图。此后又与能修法师一道跋山涉水，实地考察洛阳永宁寺宝塔遗迹、应县木塔、西安大雁塔等宝塔造型。图纸经过有关部门和专家的论证，终于定案。

1993年8月13日，大明寺举行隆重法会，重建栖灵塔工程正式开始。经过僧众的晨夕奋战，从开钻打桩到塔尖封顶，仅用了20个月时间，一座具有盛唐风采的九级浮屠巍然耸立在苍翠蜀冈之上。新建的栖灵塔，塔身为方形，堂皇庄重，雄浑崔巍。塔上"栖灵塔"匾额为赵朴初所书。塔底层供奉玉佛四尊，庄严慈祥，为缅甸仰光的吴哥礼市长于1996年赠送。

栖灵塔1995年年底竣工，1996年年初开放。登临此塔，南望吴山，北眺楚水，心胸为之一阔。兹将《重建栖灵塔碑记》抄录于下：

公元一九九五年十二月，重建扬州大明寺栖灵塔成。丹楹耀日，金刹摩空，缁素同欣，四海交赞，诚巍巍蜀冈千载难逢之盛事矣。

栖灵塔始建于隋仁寿元年（公元六零一年）。是季，文帝下诏海内诸州，选高爽清静之地，造塔三十座以供舍利。立于扬州大明寺者，即其一也。塔高九级，雄踞蜀冈，楚水吴山，尽收眼底，为广陵一大景观。唐代鉴真大师曾驻锡于此，授律弘法。诗人李白、高适、刘长卿、韦应物、

图 2-2 栖灵塔远眺

白居易、刘禹锡等,皆曾登塔赋诗颂扬。惜此塔于唐会昌三年(公元八四三年),法难中焚毁,一代胜迹,遽成焦土。后世慕名前来瞻礼观光者,无不憾斯塔之不存,盼胜迹之再现,而机缘未具,迄未重建。

时值政通人和,百业俱兴,圣教广被,机缘应时而至,乃倡重建栖灵塔之议,一方叶请,十方响应,秉政诸公悉心筹划,护法檀越发心捐输,能工巧匠精心精造,合寺僧众尽心操持。自公元一九九三年九月破土,不三年而塔就。塔仿唐制楼阁式,方形九级,通高七十三米,虽为新建,仿佛旧观。塔内法相庄严,塔外金铎摇风,回绕其中,只觉神思悠远,俗虑尽消,凭栏眺望,古城新貌,气象万千。中外高僧大德、仁人信士之夙愿,圆满以偿矣。

栖灵塔之成也,非徒为伽蓝增辉,亦且为湖山添色,义兼双美,耸峙万年。祝愿国运永昌,世界和平,人民康乐,乃为之记焉。

大明寺　公元一九九五年十二月佛历二五三九年十一月

第二节　李白《秋日登扬州栖灵塔》

李白字太白，号青莲居士，祖籍陇西成纪（今甘肃秦安），生于蜀郡绵州昌隆（今四川省江油市），一说生于西域碎叶。

李白多次游扬州，或说五次，或说六次，或说七次。他写扬州的诗很多，最有名的是《黄鹤楼送孟浩然之广陵》："故人西辞黄鹤楼，烟花三月下扬州。孤帆远影碧空尽，唯见长江天际流。"其中有一首《秋日登扬州栖灵塔》，诗题点明时间是秋天，地点是扬州。诗中用佛家典故，将宝塔的高峻与周围的美景结合起来，表达自己对于栖灵塔美景的钟爱：

宝塔凌苍苍，登攀览四荒。

顶高元气合，标出海云长。

万象分空界，三天接画梁。

水摇金刹影，日动火珠光。

鸟拂琼帘度，霞连绣栱张。

目随征路断，心逐去帆扬。

露洗梧楸白，霜催橘柚黄。

玉毫如可见，于此照迷方。

李白写栖灵塔高耸入云，登塔环顾，一览无余。塔高超出云海，几与天齐，让人感到似乎进入神仙世界。"三天"即佛教三界，指欲界、色界、无色界。塔周景色与天上景象融成一体，宝塔影子与天上日光一起倒映在江中。波光粼粼，形影历历，宛如天上人间的梦幻景象。忽然，

图2-3 李白

飞鸟掠过珠帘，霞光越过画窗，穷尽眼力也看不清前行道路的尽头。思绪仿佛随着远方的船帆，渐行渐远。梧桐与楸树沁润在露水之中，橘子与柚子经霜而变得黄熟。"玉毫"指佛眉的白毫，谓其有巨大神力；"迷方"是佛教的用语，意为令人恍惚的境界。面对眼前一片秋色，李白婉转表达了内心的寂寞与迷茫。结合当时李白的境况，诗人显然希望自己得到赏识，早日走出晦暗的人生。

第三节　高适《登广陵栖灵寺塔》

高适字达夫，渤海（今河北景县）人，后迁居宋州宋

图 2-4 高适

城（今河南商丘）。"安史之乱"后，高适任淮南节度使，官至左散骑常侍，后人因称高常侍，以边塞诗出名。

高适来扬州是受唐肃宗派遣，担任淮南节度使领广陵等郡，以平定永王李璘之乱。他在扬州为好友王昌龄之冤死出了口气，但对李白因参与李璘反叛而身陷囹圄却未能帮上忙。至德三年（758）春，高适登临扬州栖灵塔，写下名作《登广陵栖灵寺塔》：

淮南富登临，兹塔信奇最。
直上造云族，凭虚纳天籁。
迥然碧海西，独立飞鸟外。
始知高兴尽，适与赏心会。
连山黯吴门，乔木吞楚塞。
城池满窗下，物象归掌内。
远思驻江帆，暮时结春霭。
轩车疑蠢动，造化资大块。
何必了无身，然后知所退。

高适是前一年春天到扬州淮南节度使任上的。刚到任上，事务繁忙，直到第二年春日才得空暇，登临栖灵塔。

高适说，淮南虽多有登临之处，唯有此塔最为雄奇。栖灵塔凌空而上，迥立海边，人临其顶，有飘然欲仙之感。居高环视，南望吴门烟水，北眺古楚边界，江上风帆缓行，岸上车马移动，使人油然而生思乡之情。诗人最后感叹，造化既然如此神奇，自己也不妨功成身退。

第四节　刘长卿《登扬州栖灵寺塔》

刘长卿字文房，安徽宣城人，后迁洛阳。天宝进士，官监察御史、苏州长洲县尉、转运使判官、睦州司马、随州刺史等职，世称刘随州。"安史之乱"时，旅居洛阳的刘长卿幸而逃脱，南下扬州避难，在吴公台写下《秋日登吴公台上寺远眺》的感伤之作。刘长卿在扬州写了很多诗，如《送于婿崔真甫、李穆往

图2-5　刘长卿

扬州四首》，其中"芜城春草生，君作扬州客"，"落花逐流水，共到茱萸湾"都为人传诵。

刘长卿在扬州有烦恼，也有欢乐，他的《登扬州栖灵

寺塔》诗云：

> 北塔凌空虚，雄观压川泽。
> 亭亭楚云外，千里看不隔。
> 遥对黄金台，浮辉乱相射。
> 盘梯接元气，半壁栖夜魄。
> 稍登诸劫尽，若骋排霄翮。
> 向是沧洲人，已为青云客。
> 雨飞千栱霁，日在万家夕。
> 鸟处高却低，天涯远如迫。
> 江流入空翠，海峤现微碧。
> 向暮期下来，谁堪复行役。

高空，大地，流云，逝水，飞鸟，夕阳——一切所见都无不洋溢着壮游的欢快。刘长卿通过栖灵塔的壮丽景色，表达了对远离尘嚣的向往和对逝去时光的回忆。诗人在描绘江水流入远方空翠的景象时，叹息生命的短暂和人生的无常。

第五节　白居易《与梦得同登栖灵塔》

白居易字乐天，号香山居士，河南新郑（今郑州）人。诗歌题材广泛，形式多样，语言通俗，官至翰林学士、左赞善大夫。白居易和刘禹锡是好友，他们既是同龄，也都支持乐府运动。因为如此,当他们在扬州相遇,把酒言欢之余,便留下了千古唱和佳作。

白居易从苏州刺史任上罢官,回京途中,路过扬州,巧遇刘禹锡。白居易曾有《醉赠刘二十八使君》诗赠刘禹锡,诗中"亦知合被才名折,二十三年折太多"之句,是对彼此仕途坎坷的愤愤不平。

图2-6 白居易

当时刘禹锡亦回赠白居易《酬乐天扬州初逢席上见赠》,其中"沉舟侧畔千帆过,病树前头万木春"二句无人不知。

白居易与刘禹锡在扬州同登栖灵塔,两人均有诗咏此。白居易《与梦得同登栖灵寺塔》云:

半月悠悠在广陵,何楼何塔不同登。

共怜筋力犹堪在,上到栖灵第九层。

白居易诗中说,他与刘禹锡在扬州半个月,几乎形影不离,而且脚力也健,因而感到特别开心。

第六节 刘禹锡《同乐天登栖灵寺塔》

刘禹锡字梦得,晚年自号庐山人,河南洛阳人,自称

图 2-7 刘禹锡

"家本荥上,籍占洛阳"。刘禹锡为贞元进士,初在淮南节度使杜佑幕府中任记室,为杜佑所器重。后从杜佑入朝,为监察御史。贞元末,与柳宗元、陈谏、韩晔等结交于王叔文,形成以王叔文为首的政治集团。后任朗州司马、连州刺史、夔州刺史、和州刺史、主客郎中、礼部郎中、苏州刺史等职。

刘禹锡在扬州时,因得杜佑赏识,春风得意,写下不少诗篇。如《谢寺双桧》:"双桧苍然古貌奇,含烟吐雾郁参差。"自序云:"扬州法云寺,谢镇西宅,古桧存焉。"寺址在两淮盐运司前。后因母亲年高,离开扬州。宝历二年(826),刘禹锡卸任回洛阳,正遇从苏州罢官前往长安的白居易,两人遂在扬州相聚。刘禹锡与白居易是好友,邂逅扬州城,同登栖灵塔,于是作《同乐天登栖灵寺塔》云:

步步相携不觉难,九层云外倚阑干。

忽然笑语半天上,无限游人举眼看。

刘禹锡写他与白居易携手登塔之乐,和栖灵塔直上云霄之高,以及被塔下无数游客欢呼追捧的情景。两人在扬

第七节　韦应物《登楼》

大明寺《重建栖灵塔碑记》说："诗人李白、高适、刘长卿、韦应物、白居易、刘禹锡等，皆曾登塔赋诗颂扬。"今检《韦应物集》，未见明确提到登临栖灵塔之诗，但有在淮南所作《登楼》诗云：

> 兹楼日登眺，流岁暗蹉跎。
> 坐厌淮南守，秋山红树多。

韦应物担任淮南滁州刺史时，感觉仕途无望，心中郁闷。他登高望远，见满山红叶，觉得时光飞逝，顿生岁月蹉跎之感。诗中有"坐厌淮南守，秋山红树多"二句，唐代的淮南道治所在今扬州，领扬、楚、滁、和、庐、寿、光、蕲、

2-8　韦应物

申、黄、安、舒、沔十三州，滁州也属于淮南道。韦应物多次往来扬州，有《广陵遇孟九云卿》《扬州偶会前洛阳卢耿主簿》《喜于广陵拜觐家兄奉送发还池州》等诗。这首《登楼》写的可能是登临淮南道首府扬州的栖灵塔，诗

人借秋山、红树等意象，让自己暂时忘记流岁蹉跎。

第八节　陈润与蒋涣《登广陵栖灵塔》

在唐诗中，还有陈润和蒋涣写自己登临过扬州栖灵塔。

陈润约为唐中叶人，生卒、籍贯不详。《文镜秘府论》存陈润诗一首，日本市河世宁收其诗入《全唐诗逸》。其《登栖灵塔》诗云：

> 塔庙出招提，登临碧海西。
> 不知人意远，渐觉鸟飞低。
> 稍与云霞近，如将日月齐。
> 迁乔未得意，徒欲蹑云梯。

诗中主要描写栖灵塔之高，最后流露了自己的想法：既然仕途晋升无望，能否将栖灵塔作为登天之梯呢？

蒋涣是常州义兴（今江苏宜兴）人，玄宗时进士，历官吏部员外郎、工部侍郎、检校礼部尚书。《全唐诗》存蒋涣诗五首，其《登广陵栖灵塔》诗云：

> 三休寻磴道，九折步云霓。
> 瀍涧临江北，郊原极海西。
> 沙平瓜步出，树远绿杨低。
> 南指晴天外，青峰是会稽。

诗人用夸张的口气，写登塔如入云霓，能够极目大海

图 2-9 栖灵塔

西头,会稽南天。

　　陈润和蒋涣两位诗人从各自的眼光,抒写了他们登临栖灵塔的所见与所思。其中,陈润的"不知人意远,渐觉鸟飞低"写出了缥缈的境界,蒋涣的"沙平瓜步出,树远绿杨低"写出了真切的视角,相映成趣。

第三章 鉴真纪念堂

第三章 鉴真纪念堂

鉴真纪念堂位于大明寺东侧,1973年建成,纪念唐代高僧鉴真。纪念堂由建筑学家梁思成参照日本唐招提寺金堂设计,具有盛唐建筑风格。前为门厅,中为碑厅,后为殿堂,堂内供鉴真楠木雕像,两侧有廊。

另有鉴真药草园在藏经楼东北,由寒苦园、温甘园、佛字图组成,根据中医学说结合佛教宗旨设计。药草园种植多种药用植物,集药用与观赏于一体,具有文化和科研价值。

图 3-1 鉴真像和鉴真大道

第一节　鉴真大和尚

鉴真（688—763）俗姓淳于，扬州人。少时在扬州大云寺出家，后游学洛阳、长安。回扬州后，建佛寺、造佛像、讲佛法达40余年，江淮间尊为授戒大师。因受日本僧人邀请，鉴真发愿东渡弘佛，十数年间，六次渡海，九死一生，百折不挠，终于抵达东瀛。鉴真将律法、医药、雕塑、绘画、书法、建筑等盛唐文化弘扬扶桑，成为中日两国友好先驱。

唐代扬州，佛教盛行，民间大兴崇佛之风。鉴真的父亲诚心向佛，在寺庙受戒。鉴真14岁时，随父亲到扬州大云寺参佛，见佛像而心生感动，向父亲要求出家。父亲认为他与佛有缘，同意他的想法。鉴真16岁时，在大云寺出家。两年后，道岸法师为鉴真受菩萨戒。从此后，鉴真一心钻研律学。

唐景龙元年（707），鉴真为进一步深造，从扬州千里迢迢前往东都洛阳。洛阳是华夏古都，佛教文化历来兴盛。自白马寺建成后，洛阳成为中国北方佛教重镇，中外高僧常在此交流心得，佛教的节诞、俗讲、赏花、结社、观灯等也在民间蔚成风气。鉴真在洛阳，时刻浸润于佛国氛围之中。

唐景龙二年（708），鉴真来到大唐京城长安。在长

图 3-2 鉴真群雕

安实际寺,由著名的律宗法师弘景主持,为鉴真举行具足戒仪式,见证的各寺高僧有 12 人。此时鉴真才 20 岁。此后数年,鉴真来往于长安、洛阳二京,潜心于经、律、论三藏,终于成为学识渊博、道行深厚的僧侣。

唐玄宗先天二年(713),鉴真在洛阳、长安游学 6 年之后,满载丰硕的学问,回到家乡扬州。此后,他在江淮一带,建寺造佛,架桥施药,深得僧俗的敬重。他授戒的弟子达 40000 余人,成名者有 200 多人。鉴真在江淮之间成了德高望重、名闻遐迩的高僧。

唐天宝元年、日天平十四年(742),日本僧人荣睿、普照来到扬州大明寺，诚邀鉴真到日本弘法，鉴真欣然允诺。当鉴真经历劫难到日本时，已 66 岁。鉴真在日本受到隆重礼遇，被封为传灯大法师、大僧都，在日本建立了正规的戒律制度。唐广德元年、日天平宝字七年（763），鉴真在唐招提寺圆寂，享年 76 岁。

鉴真总共东渡六次，其过程可歌可泣：

第一次东渡，于唐天宝元年（742）年底开始准备，在扬州附近的东河既济寺造船。天宝二年（743）春，准备工作大致就绪。不料，僧人道航和如海发生矛盾，如海诬告道航等造船入海，勾结海贼。于是荣睿、普照、玄朗、道航等均被拘禁。经说明情况，被拘僧众得到释放。首次东渡就此夭折。

唐天宝二年（743）冬日，鉴真准备二次东渡。由鉴真出资，购下岭南道采访使所属军船一艘，雇好水手，置备停当，于十二月从扬州举帆启程，同行者 85 人。船循运河入江，再东行入海。行至明州（今浙江余姚）时，遭到恶风巨浪袭击，船被击破，众人被迫登岸，暂居明州阿育王寺。二次东渡遂告结束。

唐天宝三年（744）春，鉴真应越州（今浙江绍兴）、杭州（今浙江杭州）、湖州（今浙江湖州）、宣州（今安徽宣城）等地寺院邀请，往各地讲法。回到阿育王寺后，准备三次东渡。事为越州僧人得知，为挽留鉴真，他们向

第三章　鉴真纪念堂

官府控告日本僧人潜藏中国，引诱鉴真，结果荣睿被捕。三次东渡就此作罢。

唐天宝三年（744）冬，鉴真决定从福州买船出海。他率弟子30余人，从阿育王寺出发，一路巡礼佛迹，取道南下福州。本拟经临海（今浙江台州）、过永嘉（今浙江温州），以入闽境。不料弟子灵祐担心师父安危，请求官府阻拦，结果鉴真在黄岩禅林寺被护送回扬州。四次东渡不了了之。

唐天宝七年（748）春，荣睿、普照再到扬州拜谒鉴真，准备五次东渡。六月末，鉴真一行35人从扬州新河出发，到越州（今浙江绍兴）三塔山。一个月后出海，不幸遭遇飓风，漂泊至海南。鉴真在振州（今海南三亚）大云寺停留一年后北返，经崖州（今海南海口）、雷州（今广东雷州），到始安（今广西桂林）住一年。后到广州讲法，经吉州（今江西吉安）、江州（今江西九江）、江宁（今江苏南京）回到扬州。其间，荣睿病死，鉴真失明。五次东渡又告失败。

唐天宝十二年（753），日本第十次遣唐使藤原清河等到扬州参见鉴真，再次邀请他到日本传教。鉴真当即表示应允。他随带各种经论、书法、佛像、绣轴、舍利、金塔等，于十一月起航。经过一个多月航行，于日天平胜宝五年（753）十二月抵达日本，终于实现夙愿。此时，鉴真已66岁。六次东渡终于成功。

鉴真到达日本后,不仅受到僧俗的热烈欢迎,而且得到皇室的器重。太上皇圣武和天皇孝谦女帝特颁诏,授予鉴真"传灯大法师"名位。他在日本生活了10年,传授戒律,建造佛寺,制药看病,传播知识,为发展中日两国的文化交流和增进两国人民的友谊做出了积极贡献。

第二节　鉴真纪念堂

鉴真纪念堂由陈列室、门厅、碑亭、正殿四部分组成。

陈列室在鉴真纪念堂最南端。1963年是鉴真大和尚圆寂1200周年,为了纪念鉴真,决定在大明寺(时称法净寺)建鉴真纪念堂。当年春日,将晴空阁临时改作"鉴真纪念堂",供奉木雕鉴真大和尚坐像。坐像由中央美术学院的木刻家用故宫博物院珍藏的整段楠木雕成,神态凝重,雕工精湛。

1973年新的鉴真纪念堂建成后,晴空阁改作陈列室。晴空阁初建于清康熙年间,由知府金长真与舍人汪懋麟同建,原址在平山堂后,本名真赏楼,取欧阳修"遥知为我留真赏"句意。咸丰年间,晴空阁毁于兵燹。今晴空阁为同治年间盐运使方濬颐重建。阁内有日本画家东山魁夷所绘《鉴真和尚坐像》《鉴真东渡路线图》。两侧为赵朴初

图 3-3　鉴真纪念堂

撰联：

鼓螺蜀冈，羹墙南岳；

风月长屋，花雨奈良。

室内陈列鉴真东渡史迹图片，及日本友人的礼品。

阁外有穿廊，西廊檐下悬木鱼、云板，北行尽头为鉴真纪念堂门厅。

鉴真纪念堂门厅，面南三楹，单檐歇山，前后两进。天井四隅旧植四松，高出檐际，故称"四松草堂"。墙壁上嵌有"鉴真大师像回国巡展纪念碑"一方，碑上刻有日本唐招提寺森本孝顺长老与中国佛教协会赵朴初会长于 1980 年 4 月 25 日合题的碑文。

图 3-4 鉴真陈列室

出门厅北行数步有台阶,拾级而上抵碑亭。碑亭东西歇山下各自延伸回廊,与正殿衔接。碑亭中矗立一方仿唐风格汉白玉横碑,下设莲花须弥座。碑正面横刻郭沫若手书"唐鉴真大和尚纪念碑"九个大字,背面刻赵朴初竖写《唐鉴真大和尚纪念碑》碑文。

从碑亭向北有甬道,可通鉴真纪念堂正殿,也可从碑亭东西回廊行至正殿。正殿前庭有长明石灯笼一幢,是 1980 年日本唐招提寺八十一世长老森本孝顺所赠。在赠送仪式上,森本亲自点燃灯笼,并与大明寺方丈能勤法师在石灯笼东西两侧共栽日本八重樱两株。正殿建在

图 3-5 唐鉴真大和尚纪念碑

图 3-6 鉴真纪念堂正殿

石台基上，面南五楹，南面三门，屋顶正脊东西两端饰有鸱尾。屋面坡度平缓，盖莲花纹瓦当，窗户均采用唐代直棂窗制式。

鉴真纪念堂的设计方案，最先由扬州建设局工程技术人员草拟，后由建筑学家梁思成修正。正殿内藻井彩绘莲花图案，当中须弥座上供奉鉴真坐像。鉴真坐像前供案上置有日本裕仁天皇所赠铜制香炉。正殿两壁为四幅大型绢本画，绘鉴真生前主要活动地——陕西西安大雁塔、广东肇庆七星岩、日本秋妻屋浦和奈良唐招提寺金堂。

鉴真纪念堂草创于 1963 年，建成于 1973 年。1984 年获国家城乡建设环境保护部全国优秀设计一等奖，并获国家计划委员会颁发的国家优秀设计金质奖章。1989 年被评为扬州市十佳建筑之一，2004 年被国家列为经典建筑。

第三节 真人元开与《唐大和上东征传》

真人元开（722-785），即日本作家淡海三船，天智天皇后裔，奈良时代文人。真人元开在鉴真东渡日本之前，已受到佛教的影响。鉴真到达奈良后，真人元开受到鉴真的亲自教化。他的撰书动机，与当时日本佛教教团派系间的相互倾轧有关。鉴真生前的传戒弘法活动，触动了旧教团的既得利益，因而受到诽谤攻击。鉴真的弟子思托为反

第三章　鉴真纪念堂

驳非议，著述《大唐传戒师僧名记大和上鉴真传》，并请真人元开撰写鉴真传记。

真人元开于鉴真逝世16年后（779），在思托文本的基础上撰写本书，书名《唐大和上东征传》，又名《东征传》《鉴真和尚传》《过海大师东征传》《鉴真和尚东征传》《法务赠大僧正唐鉴真过海大师东征传》等。《唐大和上东征传》对鉴真六次东渡的艰难历程、沿途经过的城邑名刹、中国与海上交通的情况以及鉴真在日本弘法传戒的活动都有详尽记述。空间跨度大，地域范围广，成为《唐大和上东征传》一书的特色。

图3-7　《唐大和上东征传》

鉴真是联结中国和日本两国人民的友谊之舟。中日两国一衣带水，远古时已有交往。大海将国与国隔开，也将国与国相连。唐朝经济繁荣，文化发达，海洋航运有很大发展，扬州是唐代造船基地之一，这也是鉴真东渡的基本条件。日本为学习大唐先进文化，多次派遣唐使船队。船队一般由三艘海船组成，除官员、学者、画家、翻译外，半数为水手。

鉴真使中国古大明寺和日本唐招提寺结下佛国之缘。扬州大明寺位于蜀冈中峰，奈良唐招提寺位于西京五条街。

唐招提寺由鉴真于日本天平宝字三年（759）建造，有金堂、讲堂、礼堂、经藏、宝藏、鼓楼等，寺中供鉴真大师坐像。具有盛唐建筑风格的唐招提寺已成为日本国宝。

鉴真让石灯之光与天平之甍成为永恒之珍。灯笼有光明之意，佛前献灯是佛家的重要礼仪。扬州鉴真纪念堂前，有日本森本长老赠送的石灯笼，它以长明之光祈愿中日友谊长存。甍是屋脊之意，象征着高峰。日本人称鉴真为"天平之甍"，意为鉴真取得的成就，代表日本天平时代文化的最高峰。

《唐大和上东征传》一书具有极高的史料价值与文学价值。就史料而言，本书是有关鉴真的最完整、最翔实的原始史料，也是研究唐代中日关系的详细记录。《唐大和上东征传》的史料价值，可补正史之缺。入唐以后，随着经济重心的南移，扬州一跃成为当时中国最繁荣的经济大都会，故在唐代有"扬一益二"之说。《唐大和上东征传》的有关记载，可增进人们对唐代扬州工商业繁荣状况的认识。扬州是鉴真的家乡，因而鉴真东渡的准备工作多在扬州筹办。书中提到在扬州造船，表明当时扬州造船业十分发达，具有比较先进的技术，不仅能造竞渡之舟，而且可造远洋船舶。在文学方面，本书记叙清晰扼要、文字流畅，堪称佳作。

《唐大和上东征传》面世后辗转抄传，出现不少错误和增删的情况，因而传世版本不一。其抄本分别收藏在东寺观智院、京都高山寺、金泽文库、大阪高贵寺、唐招提寺等地。刊本最早为1762年东大寺戒坛院刊印本，名《法务赠大僧正唐鉴真过海大师东征传》，因有"东征"二字被德川幕府禁止。其后有多种刊本出现，如1897年（明治三十年）的北川智海方丈铅字排印版、1901年（明治三十四年）的重野安绎删节本，还有扬州大明寺的铅字排印本等。此外，有日语译本、英语译本等。1979年，北京中华书局出版汪向荣校注本，并附有《鉴真简介》《东征传作者及版本简介》和思托《大唐传戒师僧名记大和上鉴真传》逸文、赞宁《宋高僧传·鉴真本传》及鉴真年表等。

第四节　圆仁与《入唐求法巡礼行记》

鉴真东渡日本的壮举，受到中日两国人民和佛学界的尊敬，他因此被尊崇为传灯大法师、律宗开山祖、天台宗先驱，并被后世誉为日本的医药始祖和文化之父。在鉴真精神的影响下，日本也出现了一位入唐求法的僧人圆仁。

圆仁（794—864）是日本入唐求法的请益僧。请益僧也叫学问僧，指那些既在佛教上学有专长，同时又带着疑

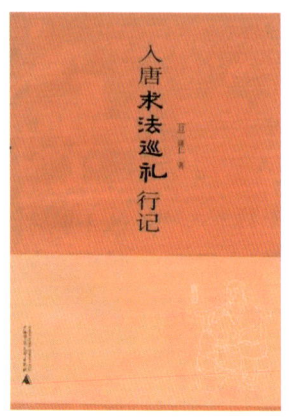

图3-8 《入唐求法巡礼行记》

难问题,跟随遣唐使一起西来中国学习的日本僧人。日本仁明天皇承和五年,即唐文宗开成三年(838),45岁的圆仁随第十五次遣唐大使藤原常嗣到中国,并乘船抵达扬州。藤原常嗣大使等拜会了扬州大都督府官员李德裕,随后藤原大使等沿运河去长安,圆仁等僧人则留在扬州。圆仁在扬州期间,对扬州有了大概的了解,也为他撰写《入唐求法巡礼行记》提供了资料。《入唐求法巡礼行记》不仅对日本和扬州之间海路交通做了比较完整的记录,而且较为详尽地记录了唐代扬州城池的规模以及唐代扬州的民风民俗等情况,对研究唐代扬州的历史具有重要的参考价值。

说起圆仁与扬州的因缘,还得提起鉴真大师。鉴真大师到达日本之后不久,在首都平城京(今奈良)为天皇、皇后、皇太子及公卿430余人授菩萨戒,并设立戒坛,为包括众多高僧在内的80余名日本僧人重新授戒。其中有从下野国都贺郡专程赶来的大慈寺二世祖道忠和尚,他后来成为被鉴真称为"持戒第一"的高足。道忠和尚圆寂后,继任者是广智和尚,他是道忠的弟子,后被尊为大慈寺的三祖,也就是他为年轻的圆仁剃度出家。

圆仁是日本下野国都贺郡(今栃木县)人,俗姓壬生氏。其父名首麻吕,曾任都贺郡三鸭驿长,同时也是郡中大慈寺的施主。圆仁之兄名秋主,有着从七位下的官阶。圆仁幼年丧父,9岁起跟从其兄学"外典"及"经史",受到中国文化和佛教气息的熏陶,不久在大慈寺名僧广智门下落发为僧。

延历二十四年(805),日本天台宗始祖最澄从中国返回其故乡日本。第二年,天台宗得到日本朝廷认可。经人引荐,15岁的圆仁投入最澄门下勤学苦修,直到最澄圆寂。

《入唐求法巡礼行记》从唐文宗开成三年六月十三日(838年7月2日)由日本博多湾登船出发开始记起,到唐宣宗大中元年十二月十四日(847年1月23日)由中国回转日本博多为止,前后历时九年七个月,日记总计80000多字。

圆仁在中国巡礼朝拜,与鉴真在日本弘扬佛法,同样是10年时间。这段时间,他广泛寻师求法,曾到五台山巡礼,足迹遍及今江苏、安徽、山东、河北、山西、陕西、河南诸省,并留居长安近5年。他用汉文书写的日记《入唐求法巡礼行记》,是研究唐代历史,特别是晚唐时期的宝贵资料。圆仁的记述内容广泛,文笔生动,涉及唐朝皇室、宦官和士大夫之间的政治矛盾，涉及水陆交通的路线和驿馆，涉及他所经过地区的节日、祭祀、饮食、禁忌等习俗，涉及各地人口、出产、物价，还有新罗商人在沿海的活动和新罗人聚居的情况等。作为一位高僧，书中关于唐代南北佛教寺院中的各种仪式等，圆仁更有详细而准确的记载。

圆仁在书中多次提及扬州。尤其是第一卷，大部分都是他在扬州开元寺居住半年多的忠实记录。还有他与唐代著名政治家、时任淮南节度使李德裕会见的详细经过，扬州求雨的祭拜仪式，扬州城池的周长大小，扬州市场如何用砂金交易现金、如何称重等。839年1月19日，圆仁向扬州官员提出到天台山求法朝拜的请求，没有获准。他只好把自己要请教的问题写下来，通过其他日本留学僧人带给天台山的中国高僧，以求得答案。听说新罗人张保皋在山东半岛东端石岛湾修建了法华寺，规模较大、香火较盛，圆仁回国之前想顺路前往参观一下。两个多月之后，圆仁一行离开扬州，经京杭大运河北上向石岛进发，结束了在扬州的旅程。

但是圆仁与扬州之缘并未结束。会昌五年（845）圆仁回国前又一次路经扬州。在当时对佛教僧尼极为不利的政治背景下，圆仁不得不以假还俗为代价，从长安经洛阳、郑州、汴州、泗州来到最初登陆中国的扬州之境，准备再

第三章 鉴真纪念堂

从这里寻找船只归国。但因为不便,他又只好经楚州、海州、密州等地,一直寻找到山东登州海边才得以登船归国。

《入唐求法巡礼行记》与马可·波罗的《马可·波罗游记》、玄奘的《大唐西域记》并称为"东方三大旅行游记",在世界文化史上享有盛誉。1955年,美国学者赖肖尔将《入唐求法巡礼行记》译为英语,并自撰《圆仁在唐代中国的旅行》一书在美国同时出版,后来此书还被译为德、法两种文字发行。

1992年,日本天台宗座主、时年94岁的梅山园了长老在扬州开元寺遗址(今竹西中学)竖起一块"慈觉大师求法之地"的石碑,以纪念圆仁法师曾经在此居留。

2007年,五洲传播出版社以中、英、日三种文字同时推出《追寻圆仁的足迹:在当代中国重走日本高僧入唐求法之路》一书。此书的作者是从事中国历史地理研究的美裔日籍学者、日本驻华大使阿南惟茂的夫人阿南史代女士,而她的丈夫就是翻译圆仁《入唐求法巡礼行记》的美国学者赖肖尔的学生。

2010年,上海世博会期间,由上海博物馆与日本文化厅、东京国立博物馆联合举办了"鉴真与空海:中日文化交流的见证"特展。而鉴真大师坐像回国(扬州)省亲活动,正是坐像结束上海展览之后,被迎请回鉴真大师的故乡扬州的。

2010年11月7日《扬州日报》以《首位外国主讲人昨登临扬州讲坛，对中如云称鉴真对日影响延续至今》为题，报道了"在日本中国历史文物保护协会"会长、日本学者对中如云两个多小时的演讲，其中对中如云的一句话尤为感人："毫不夸张地讲，鉴真影响了日本人民的精神与思想。"

第五节　梁思成与鉴真纪念堂

1963年，鉴真大和尚圆寂1200周年，中日两国商定在扬州大明寺建造鉴真纪念堂。纪念堂主要由碑亭和正堂组成。

鉴真纪念堂由建筑学家梁思成参照鉴真在日本留下的主要遗物——唐招提寺的金堂主持设计，规模略小，但保持唐代寺庙建筑的艺术风格。正堂中央的须弥座上供奉鉴真坐像，是扬州漆器厂工艺师根据奈良唐招提寺的鉴真像复制而成。纪念堂的庭院里耸立着的石灯笼，为日本唐招提寺长老森本孝顺所赠。

为了设计鉴真纪念堂，梁思成亲来扬州考察，数易其稿，并发表了《唐招提寺金堂和中国唐代建筑》和《扬州鉴真大和尚纪念堂设计方案》两篇文章，说明要以唐招提寺金堂作为鉴真纪念堂的范本，以及鉴真大和尚纪念堂的具体方案。梁思成认为："对于中国唐代建筑的研究来说，没有比唐招提寺金堂更好的借鉴了……在鉴真大和尚圆寂1200年之际，我以兴奋的心情接受了中国佛教协会转来的日本朋友的嘱咐，不忖愚昧，欣然执笔，以表达我私心对于这位1200年前中日友好往来的伟大使者的崇敬，以及对于日本朋友的深厚友情。"他说："扬州建设局的同志们曾草拟了一个方案……我现在所草拟的这个方案，严格地说，只是原方案的修正案而已。修正方案的要点仅在于纪念堂、碑亭、回廊的比例、尺度和建筑风格方面。因此，扬州建设局在方案草拟上，特别是在整体设计意图上，是主要的创意作者，我不过是略尽一臂之助。"

梁思成《扬州鉴真大和尚纪念堂设计方案》认为，鉴真在日本留下的最主要的遗物，莫过于唐招提寺金堂，它是日本建筑，也是中国建筑。它是1200年前中日文化交流的结晶，是中日两国人民文化艺术间的血缘关系的重要标志。梁思成最初设想，将金堂照原样式在扬州复制一座，可能是最好的办法。不过，由于山势的局限，如按金堂原大，就可能把地址占去约一半以上，布局将非常局促。因此，将面阔七间、进深四间的金堂，缩减为面阔五间、进深三间的纪念堂。在建筑体量上，鉴真纪念堂次于大雄宝殿，欧阳祠居第三位。梁思成还手绘图纸10幅，包括鸟瞰图、透视图、室内透视图、总平面图、纪念碑正面图。

图 3-9 梁思成先生像

梁思成是 1963 年夏天来扬州考察的，1972 年初病逝，而鉴真纪念堂落成时间是 1973 年。所以，梁思成生前没有看到自己竭诚构思的最后一部作品。

第六节　赵朴初与鉴真纪念堂

赵朴初，全国政协原副主席、中国民主促进会中央名誉主席、中国佛教协会会长。20 世纪 60 年代初，赵朴初向国家领导人提议，与日本有关方面共同纪念鉴真东渡 1200 周年活动，以便打开中日友好之门，立即得到周恩

第三章　鉴真纪念堂

来总理支持,由赵朴初任纪念委员会主任。

1963年,中国文化界、宗教界与日本文化界、宗教界共同在北京和扬州举行隆重的纪念活动,以及鉴真纪念堂奠基仪式。1980年鉴真像回国巡展,赵朴初又担任全国迎接鉴真坐像巡展委员会主任。他数次视察大明寺,对大明寺的建筑修复、产权归宿、僧侣招收、鉴真纪念堂的建设、栖灵塔的重建和佛学院的创建等做了大量工作。同时,留下许多赞颂鉴真的诗文辞赋。

《唐鉴真大和尚纪念碑》由赵朴初撰文并书写,全文如下:

公元一千九百六十三年,为我国唐代律学高僧、日本追谥过海大师鉴真大和尚入寂二十周甲之岁。中日两国佛教、文学、艺术、医药各界人士,共同倡议隆重纪念。自春徂秋,气求声应,香华礼敬,称赞功德,阐为论著,播以咏歌。十月,复集会于大师生前行化所居大明寺故址今扬州法净寺,用申崇敬景慕之忱。大师以中华之耆彦,弘大法于扶桑,其东行也,排众沮,冒风涛,跋涉十年,终成始愿;其施教也,体大规宏,纲目毕具,建戒坛以立僧本,启台学以开义门,伽蓝营构,雕绘工巧之外,兼及于艺文、医药,此皆盛唐文化之菁华,中土千年涵育之所成就。大师孜孜尽其形寿,一一传播于彼邦。魏晋以来,中日人民互助友好之宿愿,乃得以圆满实现。自是厥后,两国文明互助交流，繁荣滋大，如双星并耀于东亚之太空者垂千余年。大师辛勤辟创之遗泽，岂唯百世不斩而已哉！降及今时，人文丕变，森漫沧海，已化康庄；而虎兕奔衢，转有塞门荆棘之叹。迩年以来，两国人民嘤鸣求友，多方努力。在中国，则上下一致，揭和平之旌旗；在日本，则万众奋兴，排横加之干预。道义往还，后先踵武，摧魔破暗，正气日彰。大师志业之将发扬于未来者，其可量耶？爰树贞珉，以光先德，既志胜缘，并资策励。遂为颂曰：

惟我大师，法门之雄，三学五明，乘桴而东。志绍南岳，愿酬长屋，坚心誓舍，头目手足。五行五止，缘集辄散，既遇黑风，复遭王难。睿竟不返，师亦丧明，百折百赴，终胜波旬。十年跋涉，十年教化，恩斯勤斯，根深树大。巍巍鲁殿，灿灿奈良，庄严庙像，俨然盛唐。台赖以昌，律赖以立，枝叶广敷，光彩四溢。右军书法，道子经变，青囊之传，金堂之建。惟师之泽，等施两邦，怡怡兄弟，历劫增光。千二百年，道久弥信，分同唇齿，义无隙衅。鼓舌张罗，鬼忌人和，虽云异代，险阻实多。破浪排关，往来济济，携手同仇，论心同理。铮铮佛子，作如来将，共战魔军，道义相尚。师之志行，如兰益馨，师之功业，与世更新。东徂西行，俱会一处，震大雷音，击大法鼓。以昭先德，以策来兹，同天风月，万世壎箎。峨峨蜀冈，大明故址，堂陛是谋，招提在迩。勒石追远，发愿陈

第三章 鉴真纪念堂

图 3-10 赵朴初先生像

辞，慧灯无尽，法云永垂。

鉴真大和尚逝世一千二百周年纪念委员会主任委员赵朴初谨撰并书。

第七节 常书鸿与鉴真纪念堂

1973年，鉴真纪念堂工程即将完工。按照梁思成的设计方案，纪念堂东西两壁应当制作四幅具有唐风的仿敦煌壁画。为此，扬州市革委会致函敦煌文物研究所革委会，请求派人来扬州指导工作。1973年7月16日，扬州方面接到敦煌复函，信中要求扬州派一名相当级别的领导来敦煌，共商壁画内容和制作材料等问题。结果，扬州市文化处原领导韦人成为前往敦煌的人选，因为他参加过筹备鉴真诞辰1200周年纪念活动。

敦煌研究所原领导、敦煌研究专家常书鸿热情接待了韦人一行。常书鸿陪同扬州客人参观壁画与彩塑，讲解壁画的内容和风格。常书鸿认为，应当请一位对唐代建筑、车船、家具、服饰等均有研究的专家担任顾问，同时不仅要熟悉唐代文献，还要了解日本文献。他建议请段文杰参与设计、擘画，不然可去北京找中央工艺美术学院院长、工艺美术专家、常书鸿之女常莎娜。

常书鸿一直关注扬州鉴真纪念堂的壁画创作，不断寄来资料，提出建议。段文杰除从敦煌和西安带来大量资料，还专程去上海、南京搜寻资料，凡涉及唐代车马舟楫、屋宇建筑、家具陈设、官民服饰之处，他都一一绘出图样，供画家创作时参考。1977年，在韦人建议下，常书鸿和李承仙夫妇应邀来扬州参观，对鉴真纪念堂风景画提出建议。

这里有两份常书鸿与鉴真纪念堂的珍贵史料。一件史料是1973年8月21日常书鸿书写的一份说明。扬州客人离开敦煌时，常书鸿夫妇特地来到招待所，将一件文物亲手交给他们，嘱托转赠鉴真纪念堂。那是他几十年前以数百银元在重庆街头购买的敦煌藏经洞遗物——唐总章元年（668）十一月二十三日佛弟子阴智椏亲笔书写的《法华经》残卷。这部唐人写经是常家被抄以后，敦煌研究所发还的第一件文物。常书鸿在赠送唐人写经时，郑重地用宣纸写了一段说明：

扬州鉴真大和尚纪念堂：

扬州市革命委员会委派韦人、鞠福祥、朱旭、萧斯锐同志一行，为筹建鉴真纪念堂，不远千里自扬州来敦煌千佛洞，与我所研究合作纪念堂壁画制作问题，得以把晤。我们从鉴真和尚往事，纵谈中日两国人民友好往来的历史。自去年秋天日本田中角荣总理大臣应周总理的邀请到中国访问，毛主席会见了田中角荣总理大臣，两国总理和外长签署了两国政府联合声明，宣布结束中日两国之间存在的不正常状态，揭开了中日两国关系史上的新篇章。

中国和日本是一衣带水的邻邦，中日两国人民是有着传统深厚友谊的。我们在一九五七至一九五八年间，曾经为中国敦煌艺术展览工作访问过日本，受到日本人民热忱的接待。在访问期间，到过京都的东大寺和招提寺，亲眼看到鉴真大和尚在那里兴修的寺院，和当时他为日本和尚剃度的戒坛，并亲耳听到日本朋友热情洋溢地介绍鉴真大师如何六次东渡扶桑，不畏艰险的动人事迹，因而得到日本人民的爱戴和尊敬。日本朋友并说，这就是中日两国人民传统友谊的最好见证。

通过我们对日本的访问，对鉴真大和尚事迹的了解，更增进了对鉴真和尚的爱念。今天，能在敦煌会见为了鉴真纪念堂的建设不辞辛劳、千里奔波的韦人同志等一行，使我不由想到唐僧取经的故事。为了纪念鉴真和尚，兹将我们自己购藏了多年的唐总章元年（公元六六八年）十一月廿三日佛弟子阴智椏写的法华经残经一轴，捐献给即将落成的鉴真大和尚纪念堂，用志中日友谊源远流长，中日两国人民世世代代友好下去！

常书鸿（章） 李承仙（章） 于敦煌文物研究所
一九七三年八月廿一日

常书鸿夫妇慎重地在姓名后面一一钤印。这份礼物后来交给扬州博物馆珍藏。另一件史料是1977年6月4日常书鸿写给韦人的一封长信，中心话题是扬州鉴真和尚纪念堂的建设与完善：

韦人同志：

离开扬州已一个多月了，但扬州的风味和同志们对我们盛情的款待，实在使我们梦寐难忘！让我们再一次向你，并通过你对扬州的所有接待我们的同志致以衷心的感谢！

我们离开扬州后，又去上海、杭州故乡看看一些文化界的老战友和一些年老的亲戚，和他们已成长的小孩，故乡的湖光山色，旧貌新颜。

从南方回北京后，我即将扬州鉴真纪念堂现状向中央文物局、对外文委及有关宗教事务的负责同志反映。因为我在扬州拍摄的照片没有买到晒相放大纸，没有能及时配合。但他们都很理解，理解当时在"四人帮"倒行逆施的情况下使工作不能按照应该有的要求实施，委曲求全的苦衷。赵朴初同志还很谦虚地把责任承担起来，如对于纪念堂壁画内容等，都是在当时情况下没有办法的办法。对于日本友人要求把鉴真真身请来纪念堂之举的婉言谢绝，也是迫于当时意识形态方面的严峻现状，当时赵朴老就陷于被动。我们在会见林林同志时，林林同志说：这个设想是中岛健藏代表日方宗教界人士提出来的。赵朴老无法表态，还是林林开门见山地对中岛说，在当时"批林批孔"的严重情况下，不能再强调宗教活动的实情，中岛才同意作罢。赵朴老和我及李承仙同志说："当时如果要举行这一仪式，我唱《空城计》，连左右琴童都没有。一个人唱这个戏，唱不成呀！所以只有把这一日本友人提出的好意推辞了！……鉴真和尚纪念堂的工作，今后还要修改它。纪念堂没有做好是我（朴老自称）的责任，你们这次代替我做了工作，我很感谢。碑上的字，因为碑石风化，我应该重写再刻。"但是，他现在体力已不如前，如能拓印一张给他，由他一个字一个字地填写改正后，再刻，那就快了。最后我们还谈到经费问题。他说地方上的经费有限，此事关键在于把鉴真和尚纪念堂宣布为国家文物局重点保护单位。这样可以做一个几年计划，确定每年增修经费，慢慢在现有基础上修改完善，就有把握了。这倒是根本问题。上月中旬我和承仙去云冈石窟（大同市—山西）参观，云冈石窟是国家重点文物保护单位，自1974年在周总理批准专款，把大同市区全部佛寺进行修建。那里从上华严寺、下华严寺、博物馆一直到应县大木塔，都在大兴土木，进行大规模的修理，真是一善为兴旺的关系。我们也把这事和赵朴老讲了，他说"关键就在中央拨专款"。

前几天，我们专门到国家文物事业管理局。领导同志说，鉴真纪念堂已列入第二批公布的国家重点保护单位。这是已定的方案，因为"批林批孔"和"四人帮"的干扰，就没有最后宣布。承仙同志为此事，前天又专门去局长办公室主任金凤同志那里去落实，并问："是否还需要报一回？"金凤同志说用不着由扬州再报了，今年可能会宣布的。

关于与日本奈良唐招提寺交流工作经验问题，我们上周已去对外文化交流委员会副主任林林那里探询，林说："此事日本友人是十分愿意的。我看有机会时，再向上面

图 3-11　常书鸿先生

反映。为了做好鉴真和尚纪念馆的工作,可由扬州选派有关人员组织参观。"

对于纪念堂壁画内容问题,现在中国历史博物馆已把日本的那几幅反映鉴真和尚不畏艰险,六次渡日的壁画都临摹展览出来了。……我因为为外文出版社和《人民中国》写文章,可能要六月底才回兰州。有什么事望来信。

匆此,祝同志们好!

常书鸿　李承仙　1977.6.4

信中提到的几位人物,其中李承仙是敦煌艺术研究者、常书鸿夫人;林林是原对外文化联络委员会司长、中国人民对外友好协会副会长;中岛健藏,原任日中文化交流协会理事长。

第八节　鉴真与《天平之甍》

图 3-12　《天平之甍》

《天平之甍》是日本作家井上靖所著的历史小说，1957年由日本中央公论社出版。后来井上靖访问中国，增添一些内容，2005年由新潮社再版。又由楼适夷译为中文，1963年由中国作家出版社出版。小说共分五章，描写唐朝扬州高僧鉴真渡日弘法的故事。作者通过鉴真表现古代中日交流的艰难，鉴真和荣睿、普照等中日僧人的坚强意志和献身精神，同时生动描写了当时中日两国的政治、社会、文化等风貌。

《天平之甍》是井上靖的代表作，1958年获日本艺术选奖、日本文部大臣奖。《天平之甍》的主要情节，源于奈良时代日本真人元开所著《唐大和上东征传》。《天平之甍》刻画了超越个人意志和热情的，与自然和时间进行搏斗的形象。在《天平之甍》中，那些日本僧人耗费一生的精力在中国抄写了上千卷经文，并以四艘船载回日本，可是在狂风怒涛中因沉船而使大批经文一卷一卷沉入海中。那样的残酷和虚掷，让读者感到震惊和彻悟。

井上靖是日本著名作家、诗人和评论家，日中古代文化交流史和中国古代史研究家，日中友好社会活动家。1907年出生于北海道，作品有《斗牛》《城堡》《楼兰》《敦煌》《孔子》等。

小说《天平之甍》后来由日本剧作家依田义贤、河原崎长十郎改编成同名电影剧本，1980年由熊井启担任导演，在扬州等地拍摄。全剧共十四场：

第一场　第九次遣唐船，到中国去！

第二场　唐朝全盛时期

第三场　元宵灯节

第四场　中国十年

第五场　发愿渡日

第六场　两种爱

第七场　两种道路、阴谋

第八场　和民众在一起

第九场　啊，荣睿！

第十场　奋战大海

第十一场　鉴真入奈良

第十二场　鉴真置身于藤原政权之中

第十三场　日本之土、中国之土

第十四场　日中两国的基石

剧情略谓天平五年（733）春，日本为了在政治文化等方面从先进的唐朝得到补益，派出第九批遣唐使，由多治比广成率领，五六百人分乘四艘大船。随行的有普照、荣睿、玄朗和戒融等僧侣。一行人历时9个月，来到唐朝的洛阳。时值春天，辉煌的殿宇与盛开的牡丹交相辉映，让日本僧人非常羡慕。他们的重要任务是邀请一名唐朝高僧赴日弘法，却一时找不到合适的人选。7年后的一天，他们偶然在云冈石窟结识高僧鉴真的徒弟，并受邀来到扬州大明寺。鉴真时年55岁，得知普照等人来意后愿意前往日本。经历五次失败后，鉴真东渡终获成功。而其间，各人的命运也发生了巨大变化。影片与小说一样，反映了日中交往的千难万险，但结果却令人欣慰。影片在日本和中国分别拍摄完成，这个过程也是中日友好的见证。

电影《天平之甍》的演职员，除导演熊井启外，主演有大门正明、中村嘉律雄、高峰三枝子、浜田光夫、草野大悟、藤真利子、井川比佐志、沼田曜一、志村乔、汐路章等。其中大门正明扮演鉴真。原创音乐武满彻，美术设计木村威夫。1980年1月26日，电影《天平之甍》在日本上映，对白语言为日语。同年被评为日本十大卖座影片第九名，次年获得日本电影学院奖，此外获奖的还有最佳美术木村威夫，等等。

日本电影《天平之甍》是反映的鉴真东渡故事，由日本方面编剧、扮演和摄制。电影拍摄的重要地点之一是扬

第三章　鉴真纪念堂

图 3-14　《天平之甍》演职员合影（后排左四为鉴真扮演者大门正明，后排右三为扬州文化官员韦人）

州，时间在 1979 年 7 月，正当盛夏时节。扮演鉴真的日本演员大门正明，高大魁梧，严肃正派，很符合鉴真的形象与气质。

第九节　鉴真与《苦海沉浮》

在扬州有一部话剧作品，被誉为扬州的《天平之甍》，这就是剧作家韦人的《苦海沉浮》。2015 年 5 月 5 日，《扬州晚报》发表长篇报道，题为《四十年前写鉴真东渡剧本现身，被誉扬州的"天平之甍"》。报道说："最近，40年前创作的五幕历史话剧《苦海沉浮》重见天日，它被誉为扬州的《天平之甍》，是描写鉴真东渡的文学剧本。而剧本作者，就是我市已故著名戏曲家韦人。"

"用你们的德行和智慧的火把，点亮我心中的明灯吧！这将是什么狂风巨浪也熄灭不了的！"这是韦人剧作《苦海沉浮》中鉴真大和尚东渡时说的最富有激情的一句台词，后来成了韦人的墓志铭。《苦海沉浮》剧本是韦人60岁时创作，他借鉴西方古希腊歌剧的风格，讲述东方高僧东渡的故事，全剧充满诗意和激情，是作者一生中写得最好的剧本，因而被誉为扬州的《天平之甍》。

《苦海沉浮》除了歌颂鉴真东渡"是为法也，何惜命乎"的执着精神和中日友好外，还歌颂了劳动人民的智慧勤劳，如为东渡划船的艄公、水手及家属等。他们经历多次失败，甚至失去生命，但在鉴真崇高人格的感染下，发誓"实现大和尚的愿望，冒险到日本去"，一切都变得义无反顾。在狂风巨浪的险恶环境下，鉴真和中国工匠为了心中的梦想，经历九死一生，终于到达彼岸。

韦人为创作剧本《苦海沉浮》，曾到敦煌石窟了解唐代生活。这是20世纪70年代，为迎接鉴真像回乡探亲特地创作的。当时作者带领扬州画家到敦煌石窟了解唐代社会生活场景，敦煌守护神常书鸿热情接待了他们，为他后来在剧本中栩栩如生地描写鉴真的生活打下了很好的基础。

随着中日关系改善，为配合两国友好形势，当时扬州行署领导要求编写一部剧本，对鉴真事迹进行系统宣传，于是韦人开始构思。戏剧讲究冲突，如果人物都是清一色的僧人，未免失之单调，而且剧中要有生有旦，才有吸引力。《苦海沉浮》剧本设置了女主人公东方琼儿，她是男主人公——扬州著名雕塑匠东方义明的未婚妻，这就解决了戏剧冲突的难题。

《苦海沉浮》剧本完成后，由于政治环境的反复，没能公开演出，成了作者永远的遗憾。后来剧本在《戏曲选》1981年第三期发表。翻开《苦海沉浮》，剧中人物纷至沓来，除了高僧鉴真、鉴真弟子思托、日本留学僧普照、荣睿外，剧中还创造了鉴真弟子、东方义明之子定海，扬州雕塑匠东方义明和东方义明之妻东方大娘，老药农华元汉，日本遣唐使船舵师川部酒麻吕，日本遣唐使船水手石根，扬州船老大，工匠干五七母亲，以及差官、差役、僧人、工匠、玩灯人、舞蹈女等，众多的人物构成时代的群像。

故事共分五场。第一场发生在唐天宝七年（748）春上元佳节，扬州月明桥畔。差官正捉拿日僧酒麻吕，因为听

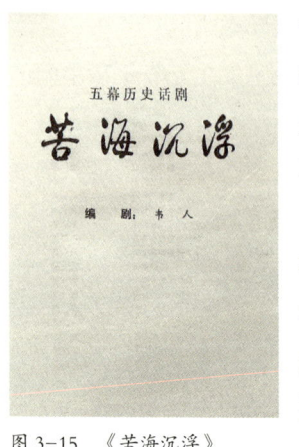

图 3-15 《苦海沉浮》

说有两个日本和尚勾结海盗,欲把鉴真大和尚劫走,东方大娘挺身而出保护了他,大娘说:"他不是日本国人,是我的孩子!"

第二场,沧海渺漫,大船在波峰浪谷中前进。鉴真在风浪中高喊道:"弟子们,工匠们,船工们,我们手挽手肩并肩不要分开。即使葬身海底,我们也可筑成一条通往扶桑的道路,留给后人再走……"

第三场,同年夏秋之交,鉴真一行船破之后困在孤岛——接引岩上。人们疲惫不堪,或坐或卧,有人在晾晒书、佛具等物。鉴真端坐在草席上为荣睿号脉,东方义明凝神注视着一块巨石。

第四场,唐天宝十年(751)端午节,扬州龙兴寺大殿前。殿前僧俗人等来来往往,东方琼儿与工匠们在修造一尊佛像。东方大娘提着饭盒来找琼儿。

第五场,唐天宝十二年(753)秋,快到日本秋凄屋浦之际,鉴真说道:"是啊,快到了。可离开我的祖国,我的故乡却是越来越远了。我仿佛听到蜀冈松涛阵阵,广陵潮水潺潺,大明寺的暮鼓晨钟洪亮悠扬……"

第十节　鉴真与《鉴真邮票珍藏册》

2010年冬，鉴真坐像再次回国探亲，我参与策划并亲自撰写了《鉴真》邮票珍藏册文案。《鉴真》邮票珍藏册文案的基本策划，分为鉴真小传、鉴真生平、六次东渡、中日友好四大块，具体内容是：

一　过海大师——中日友好先驱鉴真

二　扬州出家

三　洛阳游学

四　长安受戒

五　江淮布道

六　日本弘法

七　一次东渡

八　二次东渡

九　三次东渡

十　四次东渡

十一　五次东渡

十二　六次东渡

十三　友谊之舟——唐朝海船·日本海船

十四　佛国之缘——古大明寺·唐招提寺

十五　永恒之珍——石灯之光·天平之甍

十六　无尽之思　—鉴真纪念堂·鉴真大师墓

十七　和平之花——琼花·樱花

图 3-17　《鉴真邮票珍藏册》

邮册封面、封底的设想，以日本古图《东征传》局部作为封面图案。理由是古代日本人所绘鉴真故事，具有异域风情和特殊意义；图中所绘内容是东渡的艰险场面，歌颂了鉴真不屈的精神；图片色调金黄，华丽富贵，具有观赏性。邮册用赵朴初字迹"鉴真"作为题目。

2010 年 11 月，《鉴真》纪念邮册由中国集邮总公司正式发行。在《鉴真》纪念邮册发行仪式上，作者题诗《鉴真大师坐像回乡》一绝："曾闻精卫敢填海，还羡女娲能补天。为渡苍生拼一命，只将道义担双肩。"

图 3-18　鉴真纪念堂回廊

第四章

鉴真佛学院

第四章　鉴真佛学院

扬州举办佛教院校的历史，始于晚清。

光绪三十二年（1906），扬州天宁寺住持文希和尚开办天宁寺普通僧学堂，是为扬州佛学院校的发端。文希任校长，主要研习华严经论。

民国十二年（1923），扬州长生寺开设华严大学院，并出版《佛光日报》，后改名《佛化觉世报》《狮子吼丛刊》《大中华佛学公报》等，刊期不定。

大明寺的佛学院校，使扬州的佛学教育进入崭新的阶段。

第一节　大明寺佛学院

2001年7月，江苏省宗教局正式批准大明寺创建初级佛学院，培养专科生。经过近半年的筹备，佛学院正式开学，来自全省各地的40余名学员被正式录取，10月15日开学。

佛学院设在扬州大明寺内，学僧食宿一律免费。师资

图4-1 扬州大明寺佛学院

来自上海佛学院和有关寺院德学高深的当家和尚与地方高校的有关教师。另外,还聘请海内外名僧大德来学院举办讲座和短期讲学。佛学院开设《中国佛教史》《印度佛教史》《佛学基础》《童蒙止观》《威仪教相》《沙弥学处》《劝发菩提心文》《唯识三十颂》《八识规矩颂》《大势至菩萨念佛圆通章》等佛学课程和语文、英语、书法、宗教法规、中国扬州大明寺佛学院历史、中国革命史等课程。此外,还请专家讲授国际国内形势。

经过两年正规学习,有34名学员圆满毕业。毕业学僧的思想、文化、修行素质大大提高,成为佛教界的新生力量和骨干力量。第一届毕业僧中有2人考取上海佛学院、2人考取栖霞山佛学院、1人考取闽南佛学院、2人考取中国佛学院,还有不少人在各大寺院任纲领执事。

2003年8月31日,大明寺佛学院第二届学员举行开学典礼。佛学院院长、大明寺住持能修在开学典礼上表示，实行学修一体化、学僧生活丛林化，努力提高教学质量和管理水平。学僧也要通过潜学苦修，勇猛精进，努力成才。

第二节　鉴真佛教学院

1998年，赵朴初在北京会见扬州市市长蒋进，表示扬州是鉴真故乡，要把鉴真佛教学院办成有特色的高级佛教学院。扬州市佛教协会和大明寺已经有了创办初级佛学院的经验，决定筹办培养大学本科生的鉴真学院，扬州市委、市政府和国家、省、市宗教局和佛教协会全力支持。

2003年3月，国家宗教局正式批复同意筹办鉴真佛教学院，简称鉴真学院。目标为培养佛教国际交流人才，全国范围招生，招生对象为符合报考佛学院条件的僧尼，不面向社会。2003年11月，纪念鉴真东渡成功1250周年之际，在鉴真学院新址举行了隆重的奠基仪式。

鉴真学院在大明寺北侧，与大明寺隔河相望。校址在蜀冈瘦西湖国家风景区内，景色秀丽，环境优美。校址东南临水，西北有扬子江北路和平山北路，交通方便，地理位置优越。鉴真学院拥有国内一流的鉴真图书馆，是道风清纯、特色鲜明的读书研修圣地。

图 4-2　鉴真图书馆

图 4-3　鉴真学院

图 4-4 鉴真学院石碑

图 4-5 鉴真学院校区

鉴真学院学僧一律为佛门弟子。学制结构分本科班和研究生班。本科学制四年，下设佛学、寺庙管理、佛教艺术、中医中药、国际交流等五个专业，成绩合格者授予学士学位。校园建筑由教学区、生活区、禅堂和景区构成，为仿唐建筑，花园式学府，与大明寺南北呼应、浑然一体。学院旨在培养具有鉴真精神，精通外语，毕业后能从事佛教对外交流、佛经翻译、佛教外语教学等方面的弘法人才。

学院师资有海外归来的留学生、大学教授、外籍教师以及全国知名法师教授，并聘请国内著名专家学者为特聘教授和客座教授。目前与南京大学中华文化研究院、扬州大学、台湾佛光大学、日本正眼大学、加拿大湛山精舍等建立了合作交流关系，优秀毕业生可选送培养深造。

学院为全日制教育，开设佛教英语、佛教日语两个专业，学制四年。同时面向全国寺院纲领执事以上管理人员，开设在职佛学大专班，学制三年。学院还根据社会需求，为各地佛教协会、民族宗教局开展佛教教职人员短期培训。

第五章

平山堂怀古

第五章 平山堂怀古

平山堂在大雄宝殿西南,北宋庆历八年(1048)由扬州知州欧阳修始建。登高远眺,江南诸山,拱揖槛前,若可攀跻,名曰"平山堂"。

欧阳修在扬州做太守的时间不到一年,但扬州人对欧阳修怀有特殊的感情。将近1000年来,平山堂与大明寺比邻共存。平山堂与其说是欧阳修在扬州留下的一座建筑,不如说是他从政思想的一个象征——他以诗化和娱乐的方式,表达了"宽简"的治政理念。

图 5-1 平山堂

第一节　远山来与此堂平

图 5-2　欧阳修

欧阳修来扬州之前,在滁州做知州。庆历八年(1048)闰正月,欧阳修被授予起居舍人的官衔,同时徙知扬州。这一年他42岁。据宋仁宗的敕词说,因为欧阳修"智虑淹通,文藻敏丽,善谈当世之务,旋登近侍之班",所以命他治理扬州府。欧阳修是这一年二月份到扬州的。到了第二年的正月,他就移知颍州。因此他在扬州的时间,总共只有11个月。

在这11个月中,欧阳修在扬州做了些什么呢?许多人考证过。然而考证的结果是:重大的政务活动似乎一件也没有,其他可考的事情虽然具体,却与政绩看来没有多大关系。

按照当下的习惯,我们还得从欧阳修在扬州的政务谈起。值得一提的是欧阳修的儿子欧阳发在记载他父亲生平的《先公事迹》里写的一段话。欧阳发说:"先公连典大郡,务以镇静为本,不求声誉。治存大体,而设施各有条理,纲目不乱,非盗贼大狱,不过终日,吏人不得留滞为奸。如扬州、南京（今河南商丘）、青州，皆大郡多事，公至数日，事十减五六。既久，官宇阒然。"他引用他父亲的话说："以纵为宽，以略为简，则事弛废而民受弊。吾所谓宽者，不为苛急；简者，去其繁碎尔。"就是说，"宽"不是放纵，"简"不是粗略；"宽"是戒绝苛政，"简"是去除繁琐。

所以欧阳发认为，在他父亲从政过的地方，人们是看不到任何治理的痕迹的，而这正是欧阳修所追求的结果。正因为欧阳修做到了无迹可寻的程度，当地百姓才能安居乐业，不受惊扰，在他去后还追思不已，以至于滁州、扬州都有欧阳修的生祠。

简而言之，欧阳修的施政纲领就是两个字："宽简。"他每到一个地方，往往只用一两个月时间先把喧嚣的官署治理得井然有序，犹如僧舍一般宁静，然后让黎民安居乐业，官员也自得其乐。

关于"宽简"的意思，欧阳修打过一个比方：治民就好像治病一样——那些富医生到病人家去，鲜衣怒马，进退有礼，为人诊脉，都是按照医书来讲解病症，口若悬河，听来可喜，但病人服了他的药却没有效果，还不如穷医生。穷医生没有奴仆马匹，为人诊脉，口才笨拙，不能应对，但病人服了他的药病就好了，那才是良医。欧阳修的结论是："凡治人者，不问吏材能否，施设何如，但民称便，

图 5-3 无双亭

即是良吏。"在欧阳修看来,虚张声势,哗众取宠,于事无补。脚踏实地,对症下药,才能给黎民带来安乐。行医与当官的道理是一样的。

欧阳修在扬州任期内所做的具体可考的事情,按照他自己的说法,其实只有三件。他在给他的前任韩琦的书信里写道:

广陵尝得明公镇抚,民俗去思未远,幸遵遗矩,莫敢有逾。独平山堂占胜蜀冈,江南诸山一目千里,以至大明井、琼花二亭——此三者,拾公之遗,以继盛美尔。

欧阳修还写了一个注解,说他在扬州所建二亭,一个在大明寺井边,名曰"美泉亭",一个在琼花观里面,名

图 5-4　美泉亭

曰"无双亭"。可见,欧阳修觉得他在扬州所做的超越前任的壮举,就是修建了平山堂、美泉亭和无双亭三件事。而这些功绩,他都归于他前任韩琦的流风余韵,并非自己的创新。

有人把建造平山堂、美泉亭和无双亭的意义,说成是为了昭示政通人和。还有人把欧阳修对韩琦的尊重,说成是他伟大的谦虚。这都过于深文周纳、牵强附会。无论怎么说,平山堂、美泉亭和无双亭充其量只是体现了一种风雅情怀而已,与政治关系不大。

美泉亭在大明寺里。所谓"美泉",就是被唐人评定为"天下第五泉"的大明寺泉水。欧阳修在《大明水记》

中盛赞此泉为水之美者，同时对陆羽的《茶经》和张又新的《煎茶水记》提出异议。他认为水味尽管有美恶之分，但把天下之水一一排出次第，并没有道理。

无双亭在琼花观里。所谓"无双"，是指被韩琦誉为"维扬一株花，四海无同类"的琼花。扬州人历来相信，琼花唯有扬州才有，故民间流传"扬州琼花无二朵，教场旗杆独一根"之谚。在琼花观建无双亭，一直是欧阳修很得意的事。

相比之下，平山堂要比美泉亭、无双亭更著名。平山堂的得名，并不是因为有一座山叫"平山"，建在此山上的堂便叫"平山堂"，而是因为"远山来与此堂平"的意思。平山堂所在地原是大明寺的附属寮房，那里可能有过储藏室一类简陋房子。欧阳修大概不愿让这么好的地方为僧人独占，就在此建造了平山堂，作为消夏和宴客的别墅。一个地方最高长官，不避嫌疑，不怕非议，公然在当地最好的地方建设厅堂楼馆，召伎款客，这在今天是不可思议的。不过欧阳修所宴之客，并非俗流。现在我们知道的是：他在扬州度过的唯一的中秋节，是在平山堂与许元、王琪、梅尧臣诸人共同度过的。这一天，平山堂上击鼓传花，赋诗赏月，脂浓粉香，风流空前。

在这几个客人中，许元是欧阳修的好友，也是一位理财能手。庆历中，江淮漕运不畅，京师粮食告急，许元作为江淮、两浙、荆湖的发运判官，协助督办东南漕运，很快扭转局面，备受仁宗赏识，特赐进士出身。但是，诗词歌赋，非其所长。因而在宴会之前，欧阳修特意提醒他早做准备，这也是欧公的良善之处。王琪是一位诗坛老宿。他担任江都尉时，晏殊在大明寺与他邂逅。当时晏殊说，自己有一句诗"无可奈何花落去"，好久未能想出下句。王琪听了，脱口说道："似曾相识燕归来！"晏殊深为赏识，立即荐授馆职，王琪跻身侍从。这次平山堂雅集，王琪出手最快，率先赋诗，欧阳修也回赠他一首《酬王君玉中秋席上待月值雨》。梅尧臣与欧阳修、苏舜钦齐名，并称"梅欧"或"苏梅"。他在仕途上不得意，在诗坛上却有盛名。他和欧阳修是好友，都是诗歌革新运动的推动者。他积极支持欧阳修的古文运动，他的诗作也为时人所推崇。欧阳修自以为诗不及尧臣。陆游在《梅圣俞别集序》中，举欧阳修之文、蔡襄之书、梅尧臣之诗，以为"三者鼎立，各自名家"。

宋人刘敞《登平山堂寄欧阳永叔内翰》，是最早歌咏平山堂的诗作：

芜城此地远人寰，尽借江南万叠山。
水气横浮飞鸟外，岚光半堕酒杯间。
主人寄赏来何暮，游子销忧醉不还。
无限秋风桂枝老，淮王先去可能攀。

永叔是欧阳修的字，内翰是翰林的别称，当时欧阳修在翰林院任职。嘉祐元年（1056），刘敞出任扬州知州，欧阳修作《朝中措》词为其送行，其中特别提到平山堂，所以刘敞到任后写此诗寄欧阳修。诗中写出了平山堂高敞开阔的形胜特点。

欧阳修得刘敞诗，回复一诗，题为《和刘原甫平山堂见寄》：

> 督府繁华久已阑，至今形胜可跻攀。
> 山横天地苍茫外，花发池台草莽间。
> 万井笙歌遗俗在，一樽风月属君闲。
> 遥知为我留真赏，恨不相随暂解颜。

一唱一和，成为平山堂的绝响。

第二节　文章太守欧阳修

自从欧阳修倡导平山堂雅集之后，平山堂声名远播。平山堂不再是一幢普通的厅堂建筑，而是与文章太守欧阳修密不可分的文化圣殿。沈括在《重修平山堂》里说，欧阳修在扬州平山堂上所宴之客，皆天下豪俊有名之士，后世人之所以慕名而来，不在于堂榭之间，只是因为它是欧阳文公之所为也。叶梦得《避暑录话》说，欧阳文忠公在扬州作平山堂，壮丽为淮南第一。

平山堂悬挂着"坐花载月"和"风流宛在"两块匾额,大气而不俗。堂前楹联很多,最好的有两副,一是:

> 衔远山,吞长江,其西南诸峰林壑尤美;
> 送夕阳,迎素月,当春夏之交草木际天。

一是:

> 过江诸山,到此堂下;
> 太守之宴,与众宾欢。

欧阳修在扬州的主要文学活动,是写了不少与扬州风物有关的诗文,如《咏雪》《赠歌者》《大明水记》等。这位几乎无为而治的文章太守,在扬州任职不到一年后,便迁任颍州,即今安徽阜阳。他在颍州写过一首《西湖戏作示同游者》:"菡萏香清画舸浮,使君宁复忆扬州?都将二十四桥月,换得西湖十顷秋。"他还是记得扬州的。嘉祐元年(1056),欧阳修已离开扬州任上7年,他仍然牵挂着平山堂。当他得知好友刘敞(原父)将出任扬州知府时,有《朝中措·送刘仲原父出守维扬》一词赠送:

> 平山栏槛倚晴空,山色有无中。
> 手植堂前垂柳,别来几度春风。
>
> 文章太守,挥毫万字,一饮千钟。
> 行乐直须年少,樽前看取衰翁。

从此以后,便有了"扬州太守例能文"之说。扬州人没有忘记欧阳修。扬州有欧公祠，是纪念这位风雅教主而设。欧公祠又叫六一祠，因为欧阳修号"六一居士"。他在《六一居士传》中写道："客有问曰：'六一何谓也？'居士曰：'吾家藏书一万卷，集录三代以来金石遗文一千卷，有琴一张，有棋一局，而常置酒一壶。'客曰：'是为五一乎，奈何？'居士曰：'以吾一翁，老于此五物之间，是岂不为六一乎？'"故后人又称欧阳祠为六一祠。

欧阳修的学生苏轼任扬州太守时，为了纪念他的恩师特地建了谷林堂，堂名出自他自己写的"深谷下窈窕，高林合扶疏"诗句。苏轼与欧阳修同为唐宋八大家。元丰二年（1079），苏轼由徐州移守湖州，经过扬州时特地登平山堂追怀已仙逝10年的恩师。他的《西湖月·平山堂》写道：

三过平山堂下，半生弹指声中。

十年不见老仙翁，壁上龙蛇飞动。

欲吊文章太守，仍歌杨柳春风。

休言万事转头空，未转头时皆梦。

想起来，平山堂也真配得"宽简"二字，既宽大又简洁。每到平山堂，就使人想到欧阳修。但想不到的是：他留给后人的不是什么赫赫政绩，却是公余休闲的去处。一个官员不孜孜以求显赫的政绩，不斤斤计算世俗的名声，

图5-5 谷林堂

有了如此散淡的胸襟,才能够赢得千载的美名。

宋人王安石《平山堂》诗云:

城北横冈走翠虬,一堂高视两三州。
淮岑日对朱栏出,江岫云齐碧瓦浮。
墟落耕桑公恺悌,杯觞谈笑客风流。
不知岘首登临处,壮观当时有此不。

第三节　欧公柳故事

很多人种过树。

有的树死了,有的树活着。

绝大多数树无人留意它们是谁种的,只有极少数树被后世记着是谁种的。

相传欧阳修任扬州太守时,在平山堂前手植柳树一株。他去任之后,人们为了怀念他,尊为"欧公柳"。后来,有个薛嗣昌知扬州,在欧公柳对面也种了一棵柳树,自称"薛公柳"。可是他一离任,树就被人砍伐。同样都是柳树,境遇如此不同,据说是世道人心对植树人的评价有高下。树犹如此,人何以堪!

树的命运因人而异,其实不独是扬州的欧公柳。桥山有黄帝手植古柏,周至有老子手植银杏,曲阜有孔子手植桧树。这些本来十分寻常的树木,由于是圣贤所植,因而备享人间香火。孔子去世后,子贡结庐守墓,将南方珍木楷树移植于孔子墓旁。楷树木质坚韧,树干挺直,象征孔子为人师表,天下楷模。后来这株楷树不幸被雷火击中,但其残骸还一直珍藏于亭内,称为"子贡手植楷",我专门去看过。

因系名人手植致使身价陡增的古树,构成了传统中国的特殊风景。江苏宿迁的楚霸王项羽手植槐,被当地人视为招徕旅游的金字招牌,但近些年来主干濒于枯死。广东新兴的禅宗六祖惠能手植荔枝,至今仍见挂果,人皆称神异。在关中大地,西安有杨贵妃手植石榴,洛阳有潘安手植柏树,蓝田有王维手植银杏,都是当地人炫耀的资本。

大约在欧阳修生活的宋代,人们的视野已经不像唐人那样恢宏壮阔,故对花木之类琐细事物抱有特别浓厚的兴趣。"洛阳牡丹""广陵芍药"乃至"扬州琼花"等稀世奇葩,在宋代忽然声名鹊起,不是偶然的。这样我们也就不难理解,欧阳修不过偶然在扬州种下一棵柳树,竟然会成为一个千年传奇,为人津津乐道至今。

关于欧公柳故事的最早记载,见于宋人张邦基《墨庄漫录》卷二:

扬州蜀冈上大明寺平山堂前,欧阳文忠公手植柳一株,谓之"欧公柳",公词所谓"手种堂前杨柳,别来几度春风"者。薛嗣昌作守,相对亦种一株,自榜曰"薛公柳",人莫不嗤之。嗣昌既去,为人伐之,不度德者有如此者!

故事的道德说教和以物喻人倾向十分鲜明:因为欧公有德,所以他种的树受到尊重;因为薛公无德,所以他种的树必须砍去。这种说法乍听起来不错,但细想一下,就会感到因人伐树的行为近乎野蛮。爱屋以至及乌,恨一个人乃至砍掉他种的树,无论怎么说都不是十分理智的行为。

中国历史上有个很坏的传统，每当一个政权推翻了一个政权，就要把前朝的王宫和都城一把火烧光，以示决绝之彻底。正因为如此，对于明清之前列代京城的规模，今人只能靠挖掘遗址来加以了解。因为崇仰欧公柳而要砍伐薛公柳，也是出自同一思维逻辑。

不过，我们如果再仔细查一查故书，又会发觉新的问题——所谓的薛公柳，事实上似乎并没有被砍尽伐绝，至少它在清代仍然存在。清人李斗《扬州画舫录》卷十六在谈到平山堂时说过一句话："台上老梅四五株，即欧公柳、薛公柳、左司糜师旦属扬帅种柳处。上建厅事，颜曰'平山堂'。"可见直到清代，平山堂前不仅有欧公柳，而且有薛公柳。

记载薛公柳被伐的《墨庄漫录》，是一部记录见闻的宋人随笔。正如作者自序所坦白："仆以闻见，虑其忘也，书藏其箧。归耕山间，遇力罢释耒之垄上，与老农憩谈，非敢示诸好事也。其间是非毁誉，均无容心焉。"他承认这部书只是一部随手记录以防遗忘的笔记，不是什么严谨的著作。清人纪晓岚在《四库全书总目提要》里也说过，《墨庄漫录》"不免为小说家言"。《墨庄漫录》的作者张邦基是扬州高邮人，所以书中谈到的扬州市井掌故特别多，其中不乏道听途说而不合情理的传闻。平山堂既是扬州太守的别墅，寻常百姓怎能随意进出？更不必说有人在光天化日之下，携带利斧闯入，公然去砍树了。很可能是当时曾经有人私下议论过此话，实际上并无此事，张邦基却把它当作"闻见"记入了书中。试想，如果薛公柳在宋代已经被伐，那么清人何以又见到薛公柳？

查有关资料，中国的柳树主要有旱柳、垂柳、白柳。旱柳亦名柳树、河柳、江柳，分布于东北、华北、西北、华东诸省，而以黄河流域最多，其寿命一般为百年左右，最长可活到千年。垂柳又名水柳、垂枝柳、垂杨柳，形似旱柳，但树枝细长而下垂，主要分布在长江流域，华北、东北也有栽培，一般寿命在50年左右。还有一种白柳，分布于新疆、西藏等地。无论是欧公柳还是薛公柳，都属于垂柳类，所以它们的自然寿命都不长。即便是后人称颂的欧公柳，也绝不可能是欧公亲手种植的那棵，而是经过后人不知道多少次补栽的了。

问题不在于树是不是原先的那棵树，而在于人和树的故事所引起的思考。

欧阳修是文坛大家、政界先贤，自然风雅可敬。而薛嗣昌呢？在历史上也是实有其人的，可是人们除了对他的所谓"薛公柳"嘲笑一番后，再也没有人想多了解他一些什么。薛嗣昌，字亢宗，祖籍河中万泉，常居开封。徽宗崇宁中，为熙河转运判官，梓州、陕西转运副使。历知渭州、庆州、相州、太原府、延安府，前后因事六七贬。《宋史》卷三二八有传。薛嗣昌因事被贬多次，每次被贬的情由不会一样。总之，就名气而言，薛嗣昌是没法和欧阳修相比的，他想以一株"薛公柳"来扬名后世，未免浅薄可笑。

第四节 《平山揽胜志》与《平山堂图志》

关于平山堂的历史文献，除了诗歌外，重要的有《平山揽胜志》和《平山堂图志》。

清人汪应庚《平山揽胜志》十卷，以平山堂为中心，以扬州城北各景点为纲，分别收录历代题咏各景点的记、赋、诗、词等各体艺文，是目前所知刊刻年代最早的平山堂专志。北宋庆历八年（1048），欧阳修筑平山堂，成为扬州游览胜地，为历代文人、士夫景仰和向往。平山堂屡废复兴，清乾隆元年（1736）扬州盐商汪应庚出资重建平山堂，增建西园、平远楼。随后又编纂《平山揽胜志》，乾隆七年（1742）自刻行世。卷一为总叙、小秦淮，卷二为红桥，卷三为韩园、法海寺、蜀冈，卷四、卷五、卷六为平山堂，卷七为栖灵寺、云盖堂、洛春堂、平楼、万松亭，卷八为观音阁，卷九为梧桐径、第五泉、山池水亭，卷十为五烈墓祠、司徒庙、范文正公祠。

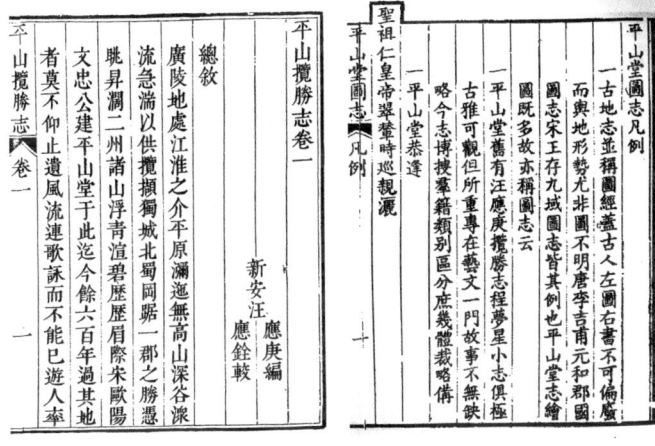

图 5-6 《平山揽胜志》　　图 5-7 《平山堂图志》

汪应庚，字上章，号云谷，安徽歙县人，在扬州经营盐业，入江都籍。时任两淮商总，经济实力雄厚，为人乐善好施。

清人《平山堂图志》十卷，对扬州北郊与平山堂的园林和名胜分别加以叙述，系以历代艺文，含有《名胜全图》百余幅，艺文与《平山揽胜志》部分重复。清乾隆三十年（1765），乾隆帝南巡，扬州盐商在北郊建卷石洞天、西园曲水、红桥揽胜、冶春诗社、长堤春柳、荷浦薰风、碧玉交流、四桥烟雨、春台咏月、白塔晴云、三过留踪、蜀冈晚照、万松叠翠、花屿双泉、双峰云栈、山亭野眺、临水红霞、绿稻香来、竹楼小市、平冈艳雪二十景,形成"两堤花柳全依水,一路楼台直到山"的园林景观。两淮盐运使赵之璧参与接驾,后纂成《平山堂图志》。卷首为宸翰,收录康熙、乾隆等御制诗文、联额等。卷一至卷二为名胜,卷三至卷九为艺文,卷十为杂识。

赵之璧,字学退翁,能擘窠大书,宁夏银川人,官两淮盐运使。

第六章 第五泉品茗

第六章 第五泉品茗

大明寺西部是有名的西园,亦称芳圃、御苑。西园始建于乾隆元年(1736),为乡人汪应庚所筑。汪应庚为人慷慨好施,对名胜古迹无不尽心修复,虽耗资万金而不惜,经营十载而不倦。两淮饥荒时,汪应庚独力赈灾,救活饥民无数。朝廷为褒其美德,赐予光禄寺少卿衔。

有一天,江应庚登上蜀岗中峰,四顾岗峦,觉得云气蟠结,神韵不畅,如有池水沦涟,便能滋润云霞,宣畅襟怀。于是购地数十亩,凿池堆山,几经增修,成为西园。

图 6-1 西园湖面

第一节　西园山水

大明寺西园山水，虽出人工，宛自天成。园中冈阜四起，竹木苍翠，亭台楼阁，点缀其间。中间一泓碧水，池畔假山重叠，绿树成荫，各种园亭、水榭、厅堂依山而建，或高或低，忽隐忽现，错落有致。

赵之璧《平山堂图志》记载：

平山堂西园，亦应庚等建，园在蜀冈高处，而池水沦涟，广逾数十亩。池四面皆冈阜，遍植松、杉、榆、柳、海桐、鸭脚之属，蔓以藤萝，带以梅竹，夭桃文杏，相间映发。池之北为北楼，楼左为御碑亭，内供圣祖书唐人绝句、我皇上御书诸碑刻。楼前东南数十步，为瀑突泉，高可丈余，如惊涛飞雪，观者目眩。楼西，度板桥，由小亭下，循山麓而南。又东，有屋如画舫浮池上，遥与北楼对。舫前为长桥数折，以达于水亭。亭在池中，建以覆井，井即应庚浚池所得，谓即古之第五泉者也。亭前兀起，为荷厅，筑石梁以通往来。舫后南缘石磴，循曲廊东转，缘山而下，临池为曲室数楹，修廊小阁，别具幽邃之致。阁东复缘山循池而东，山上有小亭，过其下，折而北，穿石洞出，明徐九皋书"第五泉"三字刻石在洞中。洞上为观瀑亭，亭后又北，为梅厅，西向，厅前列置奇石，石上有泉，即明释沧溟所得井，金坛王澍书"天下第五泉"五字刻于石。泉以南数步，又一瀑突泉，与厅对。园中瀑突泉二，以拟济南泉林之胜无多让焉。泉北逾山径，由石磴延缘而上，东至于平山堂。

由此可见西园山水最初盛景。咸丰年间，西园毁于兵燹。同治年间，西园得到修复。民国年间，西园依然荒芜，只剩古木枯藤，荒池怪石。1951 年、1963 年、1979 年，西园三次大修，初步恢复旧貌。

现在进入西园，两边是黄石夹道，前面是一池湖水。园中有两座御碑亭。一是康熙御碑亭，书康熙五律《大明寺西园》一首：

灵山含秀色，鹫岭起嵯峨。

梵宇盘空出，香云绕地多。

开襟对层碧，下马抚烟萝。

羽卫闲来往，非同问法过。

诗是康熙为杭州灵隐寺所题，因为扬州知府高承爵在康熙南巡扬州时接驾周到，所以康熙赏赐给他，他便立碑于扬州大明寺内。

另一是乾隆御碑亭，有乾隆御制诗二首。其中一首曰：

画舫轻移邗水滨，人思六一重游巡。

阴阴叶色今迎夏，衮衮花光昨饯春。

巧法底须夸激水，漳风惟是惭投薪。

江南山可平筵望，望岂因山因忆民。

图 6-2 御碑

图 6-3 御书

御碑亭南是梅林，冬日来此，可赏梅花。梅林之南有小池，池边有待月亭。亭前有井，旧称蜀井，相传通于峨眉山脉。据云，昔日有云游僧人，在峨眉山涧中丢失一瓢，后于扬州大明寺蜀井得之，故以为大明寺蜀井当通于蜀中。西园湖中另有一井，号称"天下第五泉"。上有亭覆盖，名美泉亭，欧阳修所筑。

湖水岸边，时有黄石假山逶迤，气势雄伟，磴道曲折，远看如悬崖峭壁，近观似曲径迷宫。继续向前行，有鹤冢一碑，立在路边。由鹤亭折向西行，有听石山房。旁有太湖石假山，瘦皱漏透，高低错落。再往前走，就到了石涛墓。

游人至西园，可在美泉亭处小坐，品五泉茶水，赏七

图6-4 西园假山

图 6-5 待月亭

色锦鲤，听松涛呼啸，观云海蹁跹。

第二节　天下第五泉

大明寺西园内的天下第五泉，在唐代就已出名。

唐人冯翊《桂苑丛谈》记载，令狐绹出镇淮海时，与朋友一起游览扬州大明寺，在西廊前壁看到一首题诗："一人堂堂，二曜重光。泉深尺一，点去冰旁。二人相连，不欠一边。三梁四柱烈火燃，添却双勾两日全。"众人面面相觑，不知其意。独有班支使说："一人"，不是"大"吗？"二曜"就是日月，不是"明"字吗？"尺一"是十一寸，不是"寺"字？"点去冰（氷）旁"，是个"水"字。"二人相连"，是个"天"字。"不欠一边"，是个"下"字。"三梁四柱烈火燃"，是个"無（无）"字。"添却双勾两日全"，是个"比"字。"以此观之，得非'大明寺水天下无比'八字乎？"原来这是一则字谜，谜底是"大明寺水天下无比"，大家这才恍然大悟。

唐人陆羽根据自己的品茶经验，认为水有高下之分，山水最上，江水次之，井水最下。但是，他没有对各地的水作出具体的品题。和他同时的刘伯刍，对各地的山水、江水、井水评定过名次，其结果见于张又新《煎茶水记》。张又新生活在唐宪宗元和前后，是个状元，做过广陵从事。

他因嗜茶，著有《煎茶水记》一卷，是继陆羽《茶经》之后的又一部茶道著作。据张又新说，故刑部侍郎刘伯刍品评天下之水，认为扬子江南零之水第一，无锡惠山寺石泉水第二，苏州虎丘寺石泉水第三，丹阳观音寺石泉水第四，扬州大明寺石泉水第五，吴淞江水第六，淮水为最下第七。刘伯刍曾在扬州、苏州一带住过，所以他所评之水不出扬、苏两地。

不过《煎茶水记》又记载了号称陆羽评水的另一种排名榜，即：庐山康王谷水帘水第一，无锡惠山寺石泉水第二，蕲州兰溪石下水第三，峡州扇子山下蛤蟆口水第四，苏州虎丘寺石泉水第五，庐山招贤寺下方桥潭水第六，扬子江南零水第七，洪州西山西东瀑布水第八，唐州桐柏县淮水源第九，庐山龙池山头水第十，丹阳观音寺水第十一，扬州大明寺水第十二，汉江金州上游中零水第十三，归州玉虚洞下香溪水第十四，商州武关西洛水第十五，吴淞江水第十六，天台山西南峰千丈瀑布水第十七，郴州圆泉水第十八，桐庐严陵滩水第十九，雪水第二十。

据说这是唐代宗时，李秀卿出任湖州刺史路经扬州遇见陆羽之后，陆羽发表的意见。当时他们的船停泊在扬子江边，准备吃饭，李秀卿说："陆君善于茶，天下闻名矣。况扬子江南零水又殊绝，今者二妙千载一遇，何旷之乎？"

李秀卿就命办事可靠的军士,带着水盆,划着小船,深入到扬子江南零去取水。水取来了,陆羽以杓扬其水,说:"江则江矣,非南零者,似临岸之水。"军士不承认,说有人做证。陆羽并不言语,端起盆把水倒入另一盆中,倒及一半时忽然停下,又以杓扬之,说:"自此南零者矣。"军士惊恐不已,立刻跪地请罪,承认最初确是在南零取的水,因江上小船颠簸,原水泼了一半,只好就近用江水补足。李秀卿和宾客听了,无不惊叹,于是恳请陆羽口授天下之水的优劣,陆羽就报了上面的排名。在这一排名中,扬州大明寺水名列十二。

到了宋代,张又新的说法受到了欧阳修的质疑。欧阳修做过扬州太守,写过《大明寺水记》一文。文中称赞大明寺"此井于扬水之美者也",还在井旁建了美泉亭,但他并不认同张又新的说法,认为"山水味有美恶而已,欲举天下之水一二而次第之者,妄说也"。

扬州天下第五泉的名声不胫而走。明代江南才子文征明《平山堂》诗云:"往事难追嘉祐迹,闲情聊试第五泉。"清代扬州知府高士钥《第五泉铭》云:"汲而饮之,其味甘美,不减中泠、惠山。观者接踵,日不下数千人,咸拊手赞叹曰:'咄哉,此真第五泉也!'"

大明寺西园现在有两处第五泉。一在池中,据说明代嘉靖年间寺僧沧溟掘地得井,由巡盐御史徐九皋书"第五

图6-6 第五泉

泉"三字。一在岸上,史载清代乾隆年间盐商汪应庚凿池得井,由吏部尚书王澍书"天下第五泉"五字。

另据李斗《扬州画舫录》云:"先是雍正辛亥间,王虚舟为马秋玉书'天下第五泉'五字,欲嵌入小玲珑山馆廊下旧泉之侧,忽为刘景山索去。迨应庚建是园得泉,遣人往索虚舟书。时虚舟痔作不得书,因命来者往惠山歇马亭拓其少时所书'天下第二泉'石刻,即以'二'字改'五'字。故是地'天下第五泉'石刻之字与惠山同。"

在天下第五泉汲水煮茶,品其甘洌,消磨半日,不啻神仙生涯也。

第三节　鹤冢传奇

在大明寺和平山堂旁,有一段鹤的故事。光绪十九年

（1893），两淮副转运使徐星槎修葺平山堂，完工后在西园池内放养了两只鹤，寺中僧人星悟对它们倍加珍爱守护。两只鹤每天嬉戏饮啄、形影不离。不料雄鹤因患足疾，忽然死亡，雌鹤从此成日悲鸣，不食而死。星悟感其情义深长，将它们按照人间礼仪合葬一处，立碑"鹤冢"。鹤冢在第五泉旁，碑文写道：

两淮副转运使星槎徐君，既葺治平山堂，纵双鹤其中，主僧星悟珍护之，俯仰池亭，饮啄自适。未几，一鹤病足毙，一鹤巡绕哀鸣，绝粒以殉。呜呼！义矣！星悟坎地而瘗之，并鉴碣其前，题曰"鹤冢"，而乞余为之铭。铭曰：

有鸟有鸟鸣在阴，翩然比翼怀好音。胡为羽化趾相寻，义不独生明素襟。露高松兮滴沉沉，琴夜月兮响喑喑。生并栖兮中林，死同穴兮芳岑。相彼羽族兮而贞烈其心，世之不义愧斯禽。

光绪乙未（1895）冬十月湘南李郁华果仙父撰并书

曾经有人建议，把鹤命名为扬州"市鸟"，这个建议未被采纳。因为"腰缠十万贯，骑鹤上扬州"中的"扬州"，原非今日之扬州，而是江南之南京。在隋之前，今天叫作"扬州"的这个地方，称作广陵或江都。正如南朝吴声西曲的许多歌词所唱的"扬州"并非指今日之扬州一样，如《懊侬歌》中的"江陵去扬州，三千三百里"，《莫愁乐》中的"闻欢下扬州，相送楚山头"，《襄阳乐》中

图 6-7 鹤冢

的"乘星冒风流,还依扬州去",以及"腰缠十万贯,骑鹤上扬州",这里的"扬州"都是指南朝的京城——建业,也即今日之南京。至于今日扬州之被称为"扬州",是从隋开皇九年(589)才开始的。

说来也巧,鹤和扬州也真可谓不离不弃。翻翻扬州的野史笔记,访访扬州的故旧耆老,扬州确有不少关于鹤的韵事。如城里有寺,传为宋咸淳年间由伊斯兰教创始人穆罕默德的第十六世裔孙普哈丁来扬州传教时创建,以寺门像鹤首、甬道像鹤颈、大殿像鹤身、左右二厅像鹤翅、厅旁二柏像鹤足、两侧水井像鹤目,故名"仙鹤寺"。除了城南有鹤轩,城北有鹤冢,李斗《扬州画舫录》还说:"扬州城郭,其形似鹤,城西北隅雉堞突出者名'仙鹤膝'。"连扬州城都像一只鹤。明人沈周《扬州市鹤》云:"闻说扬州好,风光记昔年。琼花已天上,买鹤解腰钱。"

图6-8 鹤冢访

第四节 第五泉与"殿司"砖

2010年夏日的南门外街,因为拆迁的缘故,到处都是断砖残瓦。出土的城砖有"濠州""歙州""常州"等铭文,还有"殿司"铭文砖。

何谓"殿司"?汪应庚《平山揽胜志》记载:

> 今乾隆二年(1737)戊午岁,予凿山池方亩,中忽得泉穴,而古井出焉。井围十五尺,深二十丈,较智僧所浚者,广狭既异,而泉复清美过之。中有唐景福钱数十,又有古砖一方,刻"殿司"二字。

图 6-9 "殿司"古砖

　　这一段话,说的是当年在大明寺天下第五泉井中,发现过"殿司"古砖。"殿司"古砖与"景福"古钱同时发现,则砖与钱当是同时之物。"景福"是唐昭宗李晔的第三个年号,唐朝使用这个年号共两年,即公元892年农历正月至893年十二月。史载景福元年(892)杨行密再入扬州,被唐廷册封为淮南节度使。按此,"殿司"铭文砖也可能是此时的城砖。

　　日本学者中岛乐章等撰《元朝征日战船与原南宋水军》说:2002年,日本鹰岛海底遗迹出土的喷漆木制品上,有朱笔书写"元年殿司修检视讫官"铭文。研究者指出,铭文中的"殿司"并非元朝官职,可能是南宋时期掌握禁军的"殿前都指挥司"略称。看来"殿司"之名,唐宋相继沿用。

第七章 石涛在扬州

第七章　石涛在扬州

明末清初，画坛有所谓"四僧"，即石涛、弘仁、髡残、朱耷。石涛（1642-1708）俗姓朱，名若极，别号石涛、大涤子、苦瓜和尚等，广西全州人，明宗室之后。石涛是中国绘画史上的重要人物，著有《苦瓜和尚画语录》，名言有"搜尽奇峰打草稿"等。

石涛的晚年是在扬州度过的，他开启了"扬州八怪"画派，"八怪"中高翔是他的弟子。石涛死于扬州，葬在平山堂后，高翔每年清明都去扫墓。但是，石涛生前在扬州的行迹，历来扑朔离迷。

第一节　何处大树堂

石涛在扬州有若干遗迹，人们常常提到的是大树堂。有两件事让人对扬州大树堂发生兴趣：一是古典园林小盘谷修缮时，主事者询问此园有何典故，我说小盘谷所在的大树巷可能是清初石涛和尚作画之所；二是石涛特种邮票在全国发行时，主事者召开座谈会，我提到石涛在扬州重

图 7-1　石涛塑像　　　图 7-2　《苦瓜和尚画语录》

要遗踪之一是大树巷。

扬州的大树巷，哪怕只是因为石涛和尚的缘故，也应该被扬州人记得。因为石涛的许多画上，都写明作于扬州大树堂。如康熙二十六年（1687）石涛至扬州，这年冬天他有《黄海云涛》题跋："时丁卯冬日，北游不果，客广陵之大树下。"这个"大树下"，很多人认为就是位于扬州城东南的大树巷。1688 年，石涛在扬州大树堂为新安吴又和作墨笔山水。1693 年，石涛在扬州大树堂作花卉画屏。

大树巷在丁家湾。这里原来属于明清扬州的新城范围，现在已经成为老城区历史风貌保存得最好的街巷之一。大树巷的名字许多地方都有，杭州、昆明都有大树巷。那么扬州的大树巷是从什么时候叫起来的呢？200年前写成的《扬州画舫录》，在刁家巷后面提到一句话："通坡儿上、方家巷，南折大树巷。"此外没有更多的内容，仅此也说明在大清盛世，大树巷已经存在。据汤杰说，大树巷之名是因为清初巷内有大树堂，为盐商聚议之所，传石涛寓此作画，巷因以名。问题是扬州不止一座大树堂。

扬州天宁寺也有大树堂。《雨山和尚语录》卷第十七《夏日寓大树堂即事》，说的就是天宁寺大树堂："暂得依栖大树幽，浓阴重盖小楼头。江城雨过疑无夏，殿阁风来直似秋。明月隋堤孤鹤唳，夕阳萧寺暮鸦投。摊书聊复支长昼，触目何堪问旧游。"天宁寺和大树巷离得很远，显然不是同一大树堂。

石涛在扬州常住之地，据李万才《石涛》一书考证为城南静慧寺。静慧寺是扬州清代八大刹之一，建于宋初，本为静慧园，后改为寺。清初住持僧为木陈道忞，乃是石涛师祖，原住宁波天童寺。由于木陈住持的原因，石涛多次来扬州，他所作的《采药图》就题作"客广陵之静慧寺"，时在康熙十二年（1673）。但是，康熙二十六年（1687）后滞留扬州期间，画作中未见作于静慧寺之作品，却常署作于"大树下"或"大树堂"。

大树堂是不是大涤草堂呢？大树堂是石涛的暂寓之地，大涤草堂却是石涛所建的家园。大树巷在丁家湾，大涤草堂在大东门外，两者应非一处。清初的扬州有新旧两城，旧城在西，新城在东，大东门系旧城的东城门，门外有一条南北流向的小秦淮河。石涛在小秦淮河边建造了他的栖息之所大涤草堂。石涛题款中提到的广陵东城草堂，不大可能是大涤草堂。因为大涤草堂所在的大东门，不可能被称为广陵东城。

　　石涛姓朱，原是明室后裔，后来遁入空门。在人生阅历中，石涛可谓饱尝艰辛。所以石涛的画在凛冽之中，有一种荒寒之气。他有一幅《荒山寻幽图》，画面不盈尺，而纯用水墨。图中荒山寥寥，孤亭寂寂，虽有垂杨丛竹，也难掩萧索之气。亭前立一高士，背山而临渊，意幽而景澹。画上题道："荒亭岑寂荒山里，老树无花傍水矶。饭后寻幽偶到此，十分寒苦惨斜晖。清湘瞎尊者济，邗江之大树堂。"又是画于扬州大树堂。大树堂究竟在哪里，依然扑朔迷离。

　　石涛晚年在扬州定居，直到老死。他在扬州度过了人生最后的10多年时光。他晚年的诗画多涉及扬州风物，如：《处士城南图》画的是扬州城南的荷花池，《邗沟雨图》画的是扬州城北的古邗沟，《郊行图》画的是扬州天宁门附近的景象，《许多儿女问红桥》画的是扬州北门外的红

第七章　石涛在扬州

图 7-3　石涛绘于邗江树下

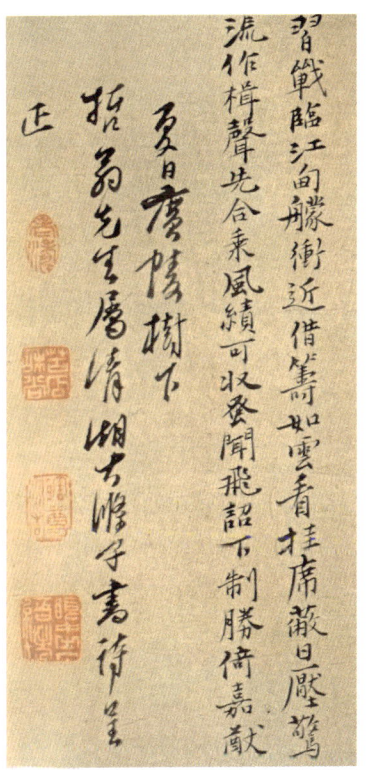
图 7-4　石涛书于广陵树下

桥。尤其是《淮扬洁秋图》，画的是扬州北湖景色，近处城垣绵延，中间烟波浩渺，远方冈峦隐约，耐人寻思。他还画过《平山折柳图卷》和《茱萸湾山水扇面》。以石涛的地位和他与扬州的关系，扬州应该建一座石涛纪念馆，名字就用大树堂或者大涤草堂。

第二节　寻觅大涤子

石涛有《大涤堂》诗云："未许轻栽种，凌云拔地根。试看雷震后，破壁长儿孙。"大涤堂又叫大涤草堂，是石涛在扬州的家。李驎《大涤子传》云："（石涛）南还，栖息于扬之大东门外，临水结屋数椽，自题曰大涤堂，而大涤子之号因此称焉。"李驎是兴化诗人，与石涛订交，他的记载应该有根据。

大涤草堂建成后，石涛向八大山人索画，信中说：

闻先生花甲七十四五，登山如飞，真神仙中人。济将六十，诸事不堪，十年已来，见往来者所得书画，皆非济辈可能赞颂得之宝物也。济几次接先生手教，皆未得奉答，总因病苦，拙于酬应，不独于先生一人前，四方皆知。济是此等病，真是笑话人。今因李松庵兄还南州，空函寄上，济欲求先生三尺高、一尺阔小幅，平坡上老屋数椽，古木樗散数株，阁中一老叟，空诸所有，即大涤子大涤堂也。此事少不得者，余纸求法书数行列于上，真济宝物也。向所承寄太大，屋小放不下。款求书"大涤子大涤草堂"，莫书和尚，济有冠有发之人，向上一齐涤，只不能迅身至西江，一睹先生颜色为恨。老病在身，如何如何。雪翁老

第七章　石涛在扬州

先生，济顿首。

　　石涛在信中描绘大涤草堂的状貌，是"在平坡上，老屋数椽，古木樗散数株"。所谓樗散，是比喻自己不为世用。

　　大涤草堂在扬州大东门外，系指旧城的大东门。故在大东门外临水而建的大涤草堂，应在小秦淮河的西岸。八大山人的《大涤草堂图》早已失传，唯有石涛题八大山人《大涤草堂图》的长诗流传，云："西江山人称八大，往往游戏笔墨外。心奇迹奇放浪观，笔歃墨舞真三昧。有时对客发痴颠，佯狂诗酒呼青天。须臾大醉草千纸，书法画法前人前。眼高百代古无比，旁人赞美公不喜。胡然突就特丫叉，抹之大笑曰小伎。四方知交皆问予，廿年迹踪那得知？程子抱犊问予道，雪个当年即是伊。公皆与我同时病，刚出世时天地震。八大无家还是家，清湘四海空霜鬓。公时问我客邘江，临溪新构大涤堂。寄来巨幅真堪涤，炎蒸六月飞秋霜。老人知意何堪涤，言犹在耳尘沙历。一念万年呜指间，洗空世界听霖霏。躈家八人寄予大涤堂图。时戊寅夏五月，清湘膏育子济。"诗中充满了愤世嫉俗之气。

　　后来傅抱石画过一幅《大涤草堂图》，图中画大树一株，苍老挺拔，枝干纷披，仅在大树后面有茅屋一间。这是傅抱石想象中的大涤草堂，因无其他资料参照，石涛又时常别署大树堂，所以傅抱石遂以大树为主要景致。如论

图 7-5 傅抱石绘《大涤草堂图》　　图 7-6 石涛绘于广陵大涤草堂

者所说，顶天立地的槚木既充满了笔墨意趣，又是石涛的人格象征。傅抱石《大涤草堂图》有跋：

　　石涛上人晚岁构草堂于广陵，致书南昌八大山人，求画大涤堂图。有云：平坡之上，槚散数株，阁中一老叟，此即大涤子大涤草堂也。又云：请勿书和尚，济有发有冠之人也。闻原札藏临川李氏，后展转流归异域，余生也晚，不获睹矣。今经营此帧，聊记长想尔。民国三十一年（1942）春制于重庆西郊。

图上有徐悲鸿题"元气淋漓，真宰上诉"八字，并称赞道："八大山人大涤草堂图未见于世，吾知其必难有加乎此也。悲鸿欢喜赞叹题。"对傅抱石的《大涤草堂图》推崇有加。

第三节　追溯大涤山

石涛自号大涤子，其来何故，莫衷一是。近来得知，大涤子之名与浙江大涤山有一定关系，觉得颇有道理。大涤山在余杭与临安交界处，石涛曾经来此游览，并且绘有《余杭看山图》，今藏上海博物馆。《余杭看山图》作于康熙三十二年（1693），以手卷形式描绘余杭一带的山水风光，意境旷远，笔触细致。

手卷是有题识，分前后两部分。卷首题曰："湖外清清大涤山，写来寄去浑茫间。不知果是余杭道，纸上重游老眼闲。癸酉冬日，借亭先生携此卷游余杭，归来云，与大涤不异。君既印正，我得重游，再寄博笑。清湘苦瓜和尚济。"卷尾又题道："《余杭看山图》为少文先生打稿，寄请博教。苦瓜和尚济。"题识中的"借亭先生"与"少文先生"系同一人,名张景蔚,亦称张鹤野,字少文,号莲泊居士,别号借亭主人,辽阳人。石涛的《余杭看山图》,是事先与张景蔚商量过后,才开始创作的,故说"《余杭看山图》为少文先生打稿";而《余杭看山图》完成后,张景蔚还携带此画到大涤山进行实地比照,结论是"与大涤不异",也就是画的和大涤山没有两样。

石涛初游大涤山,是在年轻时候。现从《余杭看山图》的细腻笔墨来看,与石涛后来的酣畅淋漓画风有明显差别。图中画城墙一角,点名地理方位,前方的树木姿态各异,林下的高士指点山峦。从图中的素材分析,其中应含有石涛游历过的余杭县城、苕溪风光尤其是大涤山群峰。换言之,此图应是大涤山的写实之作。

石涛原来自称和尚,后来由佛转道,为自己起了"大涤子"的名号,并给自己的住处起了"大涤草堂"的名字,这显然来自他踏访过的道教圣地大涤山。大涤山古名大辟山,又名余杭山,山中有洞霄宫,汉唐时已是名观。宋元时叠经扩建,元人有《洞霄图志》记宫观、洞府、古迹、人物、碑记甚详。明代列为道教三十六小洞天、七十二福地之一,号称"大涤洞天",今尚有大涤洞等古代遗迹。清嘉庆《余杭县志》载,康熙元年(1362)道士孙道元栖息于此,宫坛为之一新。那么在石涛初访大涤山时,大

第七章　石涛在扬州

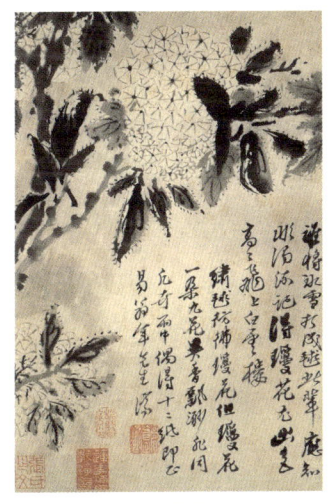 

图 7-1　石涛绘琼花图　　图 7-8　石涛绘下扬州

涤山的道观正当繁盛，因此"大涤"二字给他留下了深刻印象。

道家的学说多用"涤除"的意象。如《老子》云："涤除玄览，能无疵乎？""大涤"也是脱胎于老子的"涤除"之说，有清除尘俗、回归自然之意。荡除一切芜杂，只留一念之想，这和他关于"一画"的理论，也是相通的。

第八章

石涛与蜀冈

第八章　石涛与蜀冈

　　石涛逝世后，葬于平山堂后的蜀冈，蜀冈就成了石涛最后安息的地方。

　　蜀冈的名字，原为"独冈"，繁体字作"獨崗"。"獨"的本意，是独自爬行的长虫。扬州地处苏中平原，境内没有高山，唯有一条东西走向的丘陵延绵数十里，犹如独行的长虫，故名"獨崗"。后人去掉偏旁，而成为蜀冈。

　　石涛在生前死后，都与蜀冈结下了不解之缘。石涛在扬州的行踪，正如清人张庚《国朝画征录续录》所说："今遗迹维扬尤多。"如果细加寻觅，发现他在蜀冈与瘦西湖一带留下的足迹尤为密集。

第一节　"黎明努力上平山"

　　关于蜀冈，石涛在《淮扬洁秋图》题诗中说："黄海之水广汪洋，黄海之山西蜀冈。"对蜀冈的推崇几乎到了无以复加的程度。对保障河（今瘦西湖）沿岸的风光，石涛在有名的《广陵竹枝词》中集中提到禅智寺、月明桥、红桥、韩园、法海寺、清平桥、观音阁等一系列名胜。他有诗云："邗沟呜咽走金堤，禅智松风接竹西。城里歌声如沸鼎，月明桥上有乌啼。"显然，石涛当年是走遍了保障河全线。

石涛《广陵竹枝词》提到保障河畔的法海寺和蜀冈东峰的观音阁："法海寺前多素秋，清平桥畔足嬉游。儿曹偏爱观音阁，看杀烧香不转头。"法海寺、观音阁如今均在，唯有清平桥已成为历史。但是，石涛的学生、"扬州八怪"之一的高翔在所绘《平山堂八景册》中有这样的诗句："清平桥转步迟徊，宿雨初收晓雾开。堂上欧苏呼不起，迎人山色过江来。"清平桥显然就在平山堂下。

蜀冈中峰的平山堂，对于石涛具有特殊的政治意义，因为石涛在此觐见过康熙帝，所以他对平山堂抱有特别的感情。康熙二十三年（1684）石涛在南京长干寺迎驾，康熙二十八年（1689）又在扬州平山堂迎驾。在平山堂迎驾时，康熙竟然呼出其名，石涛感激涕零，于是作《客广陵平山道上见驾恭纪二首》，云：

　　无路从容夜出关，黎明努力上平山。
　　去此罕逢仁圣主，近前一步是天颜。
　　松风滴露马行疾，花气袭人鸟道攀。
　　两代蒙恩慈氏远，人间天上悉知还。

　　甲子长干新接驾，即今己巳路当先。

圣聪忽睹呼名字，草野重瞻万岁前。

自愧羚羊无挂角，那能音吼说真传。

神龙首尾光千焰，云拥祥云天际边。

石涛虽是明朝的宗室和遗民，但在他内心仍然期望得到清朝皇室的青睐。

石涛受朋友委托，画过一幅《平山折柳图》，送一位北京国子监的监生离扬赴京。图上题写"平山折柳图"五字，画着河流、船只和远山。在石涛笔下，"平山"犹如扬州的象征。与石涛一起登平山堂的朋友中，有一个扬州人萧旸，字征义，号也堂。萧旸出身富家，不治家业，"独日挈一木瓢，负一蒲团，走三山之巅，咏诗见志，有不可一世之志"。他"性不喜近显贵，好从耆宿及高僧游。扬州介江淮之交，四方之名彦舟车过邗水、蜀冈间者，辄访萧子，萧子辄与之登平山堂，饮酒指顾隔江诸山以为乐"。萧旸与石涛相善，石涛至扬州，萧旸都登门造访。石涛晚年不愿攀附权门，同"有不可一世之志"的萧旸气味相投，故萧旸成为与石涛一同登平山堂的旅伴。

图 8-1 俯瞰观音山

图 8-2 观音山大门

第二节 "大笑宝城今日我"

在蜀冈上,最美的风光还推堡城的花木。石涛有《偕友过堡城看红叶,大醉而戏作》二首,云:

常年闭户却寻常,出郭郊原忽恁狂。
细路不逢多指客,野田息背选诗郎。(谓倪永清处士)

也非契阔因同调,如此欢娱一解囊。
大笑宝城今日我,满天红树醉文章。

诗后有跋,叙其始末:"昨年与苏易门、萧征义过宝城,看一带红叶,大醉而归,戏作此诗,未写此图。今年

第八章　石涛与蜀冈

奉访松皋先生，观往时为公画竹西卷子。公云：'吾欲思老翁以万点朱砂胭脂，乱涂大抹，秋林人醉一纸，翁以为然否？'余云：'三日后报命。'归来发大痴颠，戏为之，并题。"清初的堡城，冈峦上下，枫树成林，入秋后枫叶如丹，游人如潮，石涛就是与苏易门、萧征义等友人一起到宝城观赏红叶的。石涛所作《秋林人醉图》，今藏纽约大都会艺术博物馆。

堡城和铁佛寺一带的花木，在清代一直有名，尤以梅花和枫树为最。李斗《扬州画舫录》记载："铁佛寺在堡城，本杨行密故宅，先为光孝院僧伽显化第二处。方丈内有梅三株，中一株兼三色。远近多红叶，诸暨陈洪绶，字章侯，尝携妾净发往来看红叶，命写一枝悬帐中，指相示曰：'此扬州精华也。'"据《大风堂书画录》载，石涛绘有《秋山图轴》，图上题诗四首，每首都以"千山红到树"开头。如"千山红到树，一水碧依人。避暑知无计，鱼缯雪染陈。""千山红到树，一水碧依人。似有云来岫，呼之澹远亲。""千山红到树，一水碧依人。寄兴前犁土，当寻作比邻。""千山红到树，一水碧依人。记得我旋路，开轩接渭滨。"石涛在跋中说，丁卯（1687）年夏日，三槐堂老道翁来访，读案头诗卷，尤喜石涛的"千山红到树，一水碧依人"诗句，便取纸请石涛书写，每首皆用"千山红到树，一水碧依人"开头，石涛欣然应允。细审诗意，

图 8-3　堡城风光

扬州并无别处有"千山红到树，一水碧依人"之景，所以石涛的"千山"就是逶迤的蜀冈，"一水"就是延绵的保障河，"红树"就是堡城和铁佛寺的红枫。

到了冬天，堡城和铁佛寺的梅花便成了石涛的所爱。石涛的《广陵梅花吟八首》之二，是描写堡城和铁佛寺梅花的：

前朝剩物根如铁，苔藓神明结老苍。

铁佛有花真佛面，宝城无树对城隍。

山隈风冷天难问，桥外波寒鸟一翔。

搔首流连邗上路，生涯于此见微茫。

据日本所印《中国名画选》第七册石涛《梅花轴》，这首探梅之作作于康熙三十八年（1699）三月。石涛还有一首《蜀冈梅花》咏道："梅花偏向蜀冈好,泉水香随第五名。"诗中提到蜀冈的梅花,应该就是万松岭上的"小香雪",乃清代按察使汪立德、候选道员汪秉德所筑。曹寅《西城看梅吴氏园》诗云:"老我曾经香雪海,五年今见广陵春。"谓此。石涛又提到第五泉,即"泉水香随第五名",表明他品尝过第五泉的水。

第三节 "许多儿女问红桥"

另一处令石涛不能忘怀的扬州美景是红桥。

石涛曾在春天来临,湖水初涨时游览红桥景色。扬州诗人王曰讲写过一首《仲夏同倪永清、石涛师、卓子任、李玉峰、家望文红桥观涨》,诗中写石涛等人于康熙二十六年(1687)四月观赏虹桥的春潮,诗云:"新晴观水涨,热极一乘风。舟傍青楼外,莲

图 8-1 石涛绘广陵西北郊

图 8-5 大红桥

开碧沼中。落霞山掩翠,待月烛摇红。座上皆词客,题诗选兴同。"诗人兴会,其乐无穷。王日讲,字学臣,别号锦江,石涛友人。

石涛甚至有兴致冒雨游览红桥,他的《泛舟红桥雨中即事》诗云:

上巳春阴尽日闲,一舟招我始开关。
笙歌锦簇隋堤畔,烟雨浓遮蜀岭间。
把酒直须流水曲,簪花不合鬓毛斑。
相逢但说江都好,鼓枻乘波趁暮还。

诗后有跋:"三月三日,研旅、退夫两先生招同勿斋诸子泛舟红桥,雨中即事,研翁以此纸索余,戏为之图并正。"此图作于 1705 年前后。香港佳士得 2009 年春拍的石涛《堤畔烟雨图》,有石涛的这首题诗,系日本藤井有邻馆旧藏。这次陪同石涛雨中观看红桥的研旅,名黄又,字燕思;退夫,名程道光,字载锡。两位都是徽州(今黄山市)人,寓居扬州。程道光另有《丁丑上巳招石清湘、王歙州、宋奕长、潘受安、互心、黄燕思、砚芝、李久于、孙斗文游红桥步奕长

图 8-6　石涛绘"许多儿女问红桥"

韵》一诗,记载了石涛这次雨中红桥之游。诗云:"上巳招邀集水隅,乱流才注亦渟洄。岸添官种多新柳,园出伶歌有落梅。发育及时有雨足,迷离尽日晚船开。自嗟潦倒殊公等,被濯迎祥特地来。"题目中说的石清湘,就是石涛。这是一则佐证石涛冒雨畅游红桥的清人诗作。

石涛《广陵竹枝词》咏道:

　　垂杨一曲午逍遥,城郭依稀在碧霄。

　　蝶板莺簧勾不住,许多儿女问红桥。

似乎是描写出雨中北门向红桥途中,有许多红男绿女涌向红桥的热闹情景。石涛在康熙四十二年(1703)的《题山水册》中,抄写了这首旧作。有意思的是:石涛的朋友

先著在《寄怀石涛上人广陵》诗中,有"明年垂柳红桥畔"之句,可见红桥是石涛最爱游览的湖上名胜。天津艺术博物馆藏有石涛《荷塘游艇图》,图中写城外湖上,遍植莲花,远处有城,水上有桥,桥下有艇,丁家桐在《石涛传》中说:"其实,这幅画按所画内容看,应名《红桥图》。"

第四节 "韩园虽好殡宫荒"

关于保障河边的名园,石涛对韩园的兴衰充满感叹,他在《竹西之图》上题道:

韩园虽好殡宫荒,歌妓魂归恨香茫。

堤外莲花千万朵,不知谁似旧人香?

韩园是扬州北郊的著名酒馆,一称醉白园。李斗《扬州画舫录》云:"北郊酒肆,自醉白园始。康熙间如野园、冶春社、七贤居、且停车之类,皆在虹桥。壶觞有限,不过游人小酌而已。后里人韩醉白于莲花埂构小山亭,游人多于其家聚饮,因呼之曰韩园。迨醉白死,北门街构食肆慕其名而书之,谓之醉白园。"在石涛对韩园的感叹中,似乎也寄寓着他对隋炀帝和江都宫的凭吊。

石涛曾在保障湖边一座小寺院双清阁小住,双清阁的主持是石涛的弟子耕隐。北京故宫博物院藏有石涛为吴蓼汀所作的《双清阁图》,图上有杜乘以篆文所写的题跋,

图 8-7　保障河

图 8-8　保障河畔

其中有句云："吾师妙手真有神，顷刻移来缘窗晓。""时来卷石如高山，衙官徐沈骇荆关。"诗中告诉我们，杜乘十分尊重石涛，称石涛为"吾师"和"妙手"；石涛当时境况潦倒，常常堆叠假山，以济日用。史载石涛擅长叠石，"时来卷石如高山"证明了这一点。他堆叠的假山令衙官惊叹，有荆浩、关仝山水画的气势。题诗的杜乘，字书载，号木剑老人，扬州人。

第五节 "北郭名园水次开"

此外，城北秘园也是石涛游历的地方。孔尚任等春江社友曾在扬州城北的秘园与八省名流举行雅集。孔尚任《湖海集》卷二有《停帆邗上，春江社友王学臣、望文、卓子任、李玉峰、张筑夫、彝功、友一，招同社杜于皇、龚半千、吴薗次、丘柯村、蒋前民、查二瞻、闵宾连、义行、陈叔霞、张谐石、倪永清、李若谷、徐丙文、陈鹤山、钱锦树、僧石涛，集秘园，即席分韵》诗，云：

> 北郭名园水次开，酒筹茶具乱苍苔。
> 客催白舫争先到，花近红桥睹胜裁。
> 海上犹留多病体，樽前又识几诗才。
> 蒲帆挂满行还住，似为维扬结社来。

秘园的确凿地点，不能详考，但孔尚任既然说它是"北

图 8-9 瘦西湖

郭名园",而且"花近红桥",则它一定在蜀冈和红桥附近,属于瘦西湖的范畴。孔尚任诗题中明确记载,石涛参加了秘园雅集。孔尚任又致函参加雅集的另一位扬州诗人卓尔堪,云:"石涛上人,道味孤高,诗画皆如其人。社集一晤,可望难即。别时又得佳笺,持示海陵、昭阳诸子,皆谓笔笔入悟、字字不凡。

图 8-10 瘦西湖风光

仆欲求一册,以当二六之参。不敢径请,乞足下婉致敬之。"对石涛评价极高。

第六节 "漫洒孤山雪后坟"

最后谈谈石涛的墓。旧志记载,石涛墓在平山堂后。原有石碑,清末尚有人祭扫,民国时已罕有人至。李万才《石涛》一书引杜召棠《石涛与扬州》一文记述,石涛墓所在地位于蜀冈之北,名为蔡家山,墓前有一小溪。墓前石碑甚小,高仅0.67米,宽度更狭,上书"石涛上人之墓"六字。石涛游于蜀冈,葬于蜀冈,也算钟情于蜀冈了。

晚年石涛定居扬州。定居扬州之初年,即作《邗沟雨图》。绘雨中之扬州,水墨烘染,六合阴霾,烟云掩映,花树淋漓,极写天涯孤旅之愁。画中阁上有人枯坐。又有一幅《云到江南图》,作于大涤草堂,题句有"黄昏不响广陵钟"语,画的是扬州西北郊原景色。有一小拱桥,通人烟稠密村舍,花树一区,雅致可观,极似清时名闻四方之廿四桥。《淮扬洁秋图》则是石涛描绘扬州的代表之作,署名"大涤子"。画面乃扬州北湖景色,层次丰富:近处城垣绵延,人烟稠密;中部烟波浩渺,湖光映带;远处冈峦隐约,乃邵伯高邮一带景象。

石涛卒,葬于平山堂后,他的学生高翔年年祭扫,李斗《扬州画舫录》载:"石涛死,西唐每岁春扫其墓,至死弗辍。"西唐即"扬州八怪"高翔,石涛弟子,他年年

图 8-10 石涛墓园湖

为先生扫墓之事,在扬州传为佳话。

石涛墓后来逐渐湮没。1953 年,扬州有关方面建石涛和尚纪念塔于谷林堂后。包契常题写"石涛和尚纪念塔",李梅阁题文:"石涛和尚画,为清初大家,墓在平山堂后,今已无考。爰补此塔,以志景仰。""十年浩劫"中,石涛塔被毁。

1980 年,扬州市文管会筹立石涛和尚墓塔和莲溪和尚墓塔。1993 年秋,大明寺能修法师立石涛墓塔于楠木厅北侧,同时立莲溪、能勤、瑞祥等大和尚墓塔于附近。墓碑白矾石质,平面呈六角形,分层雕花纹饰,面南刻"石涛大和尚之墓"。

2011年12月，新的石涛纪念园在大明寺西园落成。纪念园由塑像区、纪念区、墓碑区、经幢区四部分组成。石涛塑像由国家一级雕塑师陈古魁创作。纪念区以大明寺能修大和尚撰文、传法法师书写的"石涛大和尚墓修复记"碑为主体，讲述石涛生平。

石涛生前自画墓门图，并题句云："谁将一石春前酒，漫洒孤山雪后坟？"大明寺终于让石涛有了安息之地。

第九章

江北刻经处

第九章 江北刻经处

江北刻经处似乎久已被人遗忘。1993 年出版的《江苏刻书》一书在《清代坊刻》一章中，只列有"金陵刻经处"，却无"江北刻经处"。直到前些年，我在大明寺一个偏僻角落看到一块牌子，上面写着"江北刻经处"字样，心生奇怪。轻轻叩门，见到一位年轻的刻经人，才知道还有人默默延续着江北刻经处的香火。

刻经人说，他是 2014 年来此复建江北刻经处的，心愿是用 10 年刻完《妙法莲华经》。

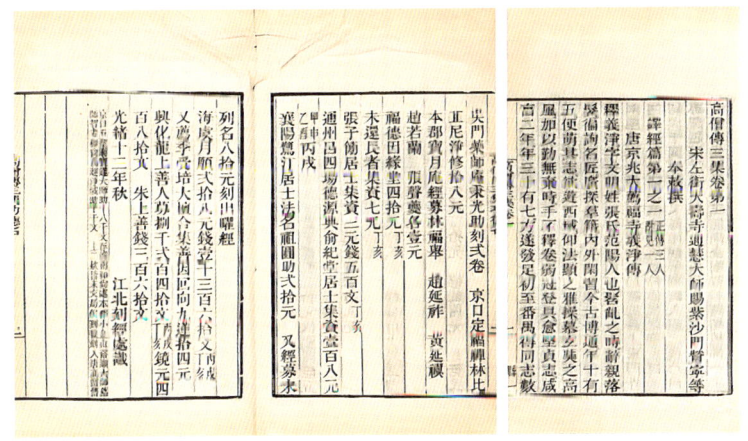

图 9-1 江北刻经处书影

第一节　江北刻经处与金陵刻经处

江北刻经处创办于清同治五年（1866），地点原在扬州江都砖桥。江北刻经处创始人郑学川，法号妙空，先与杨仁山等人在南京北极阁创建金陵刻经处。不久一分为二，杨仁山在南京主持金陵刻经处，郑学川回扬州创办江北刻经处。其后又在扬州藏经院以及江苏如皋、常熟和浙江等处建立刻经处四所，属于江北刻经处统管。

江北刻经处存续时间共70年。先由妙空法师主持15年，妙空圆寂后由清梵法师主持23年，清梵圆寂后由月朗法师主持。期间，日本侵华战争爆发，刻经处几经迁徙，

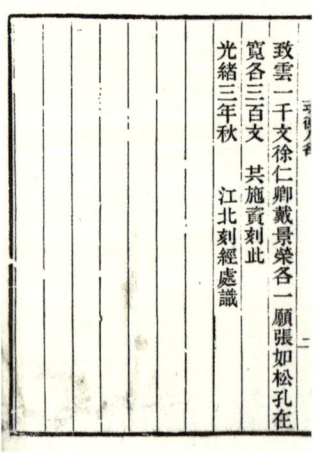

图 9-2　江北刻经处旧版之一　　图 9-3　江北刻经处旧版之二

第九章 江北刻经处

经版损毁，刻经事业遭受重大挫折，以至于停顿。

江北刻经处共刻佛经和妙空等人的著作4600余卷。其中有《大般若经》600卷、《续高僧传》30卷、《憨山梦游集》50卷，还有郑学川本人的《楼阁丛书》若干种。刻经处最盛时，有刻工40余人。所刻之经，书写工整，校勘认真，远近畅销，被誉为"扬州刻本"或"砖桥刻本"。

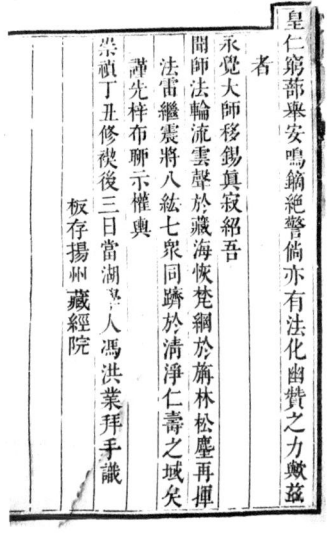

图9-4 扬州藏经院旧版

江北刻经处所属的扬州藏经院，始建于明万历间，地址在扬州城内宛虹桥。藏经院在咸丰年间毁于兵火，同治时重建，光绪年间增修。后由郑学川发起，于院中设立刻经处，为江北刻经处的分部。所刻经书，分发北京、上海、长春、香港等书局销售。据民国十六年（1927）《藏经院经价目录》记载，扬州藏经院所刻经书有十五大部，即华严部、禅宗部、梵本部、纂集部、方等部、般若部、秘密部、大乘戒律部、大乘论部、导俗部、传记部、护教部、净土经纶著述部、天台教观部、图像部。这十五大部，共

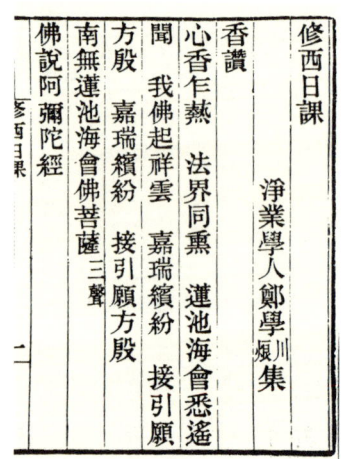

图 9-5 郑学川刻书

含经书 197 种，1300 余卷，另图像 6 种。扬州藏经院的刻经活动，延续至民国末年为止。要补充的是：扬州藏经院对街的众香庵也刻经，号称"众香庵法雨经房"。

江北刻经处的创立，主要归功于郑学川。郑学川（1826—1880），字书海，法号妙空，自号刻经僧，扬州江都人。据有关资料，其父郑应房，别号咫观，廪生。母唐氏，生妙空时，梦有行脚僧来，醒后即生妙空。妙空幼时聪慧，读书一目数行，文名重于当时。母亲去世后，妙空欲以超荐报母恩，读《地藏经》有所感悟，再读《法华经》而生出世之志。于是问道于瑞安法师，渐通佛典，尤长净土之学。同治五年（1866）在金陵出家，受具足戒，取名妙空。当时江南经历太平天国战火，佛典荡然无存，经版也鲜有存者，妙空便与杨仁山、许灵虚等发愿重刻经藏。刻经处首创于金陵，设主僧一人，由妙空担任。其后妙空回到扬州砖桥接引禅院，建立江北刻经处。江北与金陵虽分两处，但仍合作，相互补充，所刻之经不相重复，而以共同汇成全藏为目标。

扬州砖桥原有鸡园,环境清净,旧有道院,为习道场所。妙空主持道院后,在院后建接引禅院,组织念佛社,侍奉父亲来此居住,家人都受其感化。妙空持戒精严,过午不食,闭关鸡园时,日食芝麻三合,饮清水一盂,三年如一日。又每夜步行击木鱼到仙女庙,往返二十里,持续三个月,风雨无阻,可见其刻苦坚毅。光绪六年(1880),妙空所刻《大般若经》至425卷,自知将要圆寂,想到所刻之经尚未完成,不禁潸然泪下,对身边人说:"毋忘所事!"众人回答:"定满师愿!"后又叮嘱弟子,购院邻房屋,就地兴修,作为藏版之所,名为法藏寺。妙空逝世后,金陵刻经处杨仁山抚今追昔,慨然说:"刻经之事须设居士道场,昔年同志共举刻事,乍成即歇者为多。虽砖桥刻经不少,而人亡业败。必朝夕丹铅,感发兴致,然后有继,以渐而长。"

金陵刻经处在创始之初,实以郑学川赞助最为得力。鲁迅为其母祝寿时,曾在金陵刻经处捐资刻印《百喻经》。据江都高僧雪松回忆,江都郑学川居士在砖桥法藏寺创办江北刻经处,与金陵刻经处分工合作,共同承担重刻全部《大藏经》的艰巨任务。以后又与常州毗陵刻经处、扬州藏经院等共同协作。1931年,雪松访问江北刻经处负责人定一和尚,并参观刻版、印刷、装订等车间和经版储藏室。当时工作人员有二三十人,出版物由上海佛学书局经销,兼营外销。

1984年12月,雪松在大明寺遇到定一和尚的徒孙,得知1937年底日本侵略军攻陷扬州,法藏寺坐落在江都砖桥镇,地处扬泰公路线上,1938年、1939年法藏寺两次遭日军纵火焚烧,烧毁了前殿、大殿,经版储藏室在后边,幸未波及。当时住持定一和尚即组织人力,将全部经版迁移到砖桥西乡广庆庵保存。1940年冬,定一与扬州东关无量寿佛院海曙法师协商,将全部经版雇船从水路运抵无量寿佛院保存。日寇投降后,无量寿佛院驻军纪律败坏,用经版烤火,幸由扬州诸山长老竭力抢救,将经版迁到宛虹桥藏经院保存。此后因赵朴初居士的关怀,将江北刻经处全部经版运往金陵刻经处保存。

江北刻经处旧址今已不存。40年前,我亲见其门额题写四字"鸡羾道院"。

第二节　江北刻经,延续圣火

扬州大明寺内有一处小小的屋子,屋内只有几套家常使用的桌椅,一架放置经版的木柜,这就是现今江北刻经处的全部家当。透过窗户,可以看到一个埋头工作的身影,那就是今天的刻经人马延圣,他正以一人之力承担着刻经重任。在外人看来单调枯燥的行径，在刻经人心中却是富有诗意的修行。江北刻经处的最大精神财富，就是哪怕一个人也坚持到最后。

我们在春意盎然的4月的一个午后，拜访了江北刻经处。马延圣出生于泰州兴化，年龄虽然不大，却刊刻了许多佛教内容的版片，有佛教的莲花座、观音像和《瑜伽师地论》等。我们造访的时候，他正在雕刻一幅民国时期的戒牒。他告诉我们，戒牒是由僧官机构及传戒师签发给受戒僧尼以证明其资格的凭证。戒牒一般要写明受戒人、戒名、日期、传戒师、证戒师、教授师、坛头、和尚、同学伴侣及受戒发愿文等内容。通俗地说，戒牒是僧尼的身份证明。

提到江北刻经处，马延圣一脸兴奋。出于对雕版的偏爱，马延圣几乎跑遍国内经营雕版印刷品的北京荣宝斋、天津杨柳青、河南朱仙镇、苏州桃花坞、杭州十竹斋等地，学习当地雕版印刷技艺，四处拜访名师。他讲述了恢复江北刻经处的三个五年计划。第一个五年，重建江北刻经处的雏形，这 计划已经初步实现，大明寺不但有藏经楼，也有了刻经处。第二个五年，是成立技术部、流通部和学术部，将江北刻经处变成全国雕版经书的交流平台。第三个五年，是研究江北刻经处的经书渊源，推广学术研究。马延圣告诉我们，现在刻经处其实就是他一人，他每天几乎是大门不出、二门不迈地刻经。在寺院的清静环境中，他的生活习惯也趋向简单。饮食以素为主，社会应酬几乎不参加，偶尔外出讲学，传授技艺。

马延圣自称刻经人，但他对世事有自己的思考。他捧出珍藏的江北刻经处经文原本，指着"某某刻""某某识""某某藏版"等字样说，这些用词有着特殊的意义。"某某刻"是指此部经书的镌刻者，"某某识"是指此部经书的校正者，而"某某藏版"却是指此部经书的出版商，也就是拥有此部经书版权的人。他用经济学的观点谈郑学川的出家剃度和雕刻经书。他认为经书是神圣的物件，是信佛人的信仰所在和精神依托。郑学川出家后刊刻佛经，身份不同于俗家人，刊刻的经书更容易受到大众的认可。这从经济效益来看，便于拓展销售的市场；而从刻经传承来说，也容易招揽到从事经书刊刻的工匠。这能解释郑学川为什么一定要出家。谈到经文翻译，他也有一番滔滔宏论。"经文一字不能多，一字不能少，说的是经文翻译成大众所接受的语言，往往要经过多人的反馈和推敲。"就是说一段经文的翻译，要征求许多人的意见，要让每个看到经文的人都能有相同的理解，而不能让不同的受众产生歧义的联想。

一心放在刻经上的马延圣，对女儿的教育采取因材施教、顺其自然的态度。他不赞成送孩子到重点学校借读，他认为与其让孩子疲惫地做重点中学的尾巴,不如凭成绩入学,做个轻松快乐的普通人。他说,研究佛经的这数十年,给他的教益就是凡事顺其自然,遵循至简主义,内心就会非常充实。

当年郑学川创办江北刻经处所走的道路是漫长的,但是因为坚持,事业终于成功。如今马延圣在重走郑学川之路,未来的道路同样漫长。当然,要感谢大明寺方丈能修大和尚,为了赓续当年江北刻经处的香火,能修方丈同意

图9-6 作者韦明铧与刻经人马延圣

在大明寺里挂起"江北刻经处"的木质招牌,并聘请马延圣主持工作。临告辞时,马延圣指着书架上的全套《乾隆大藏经》告诉我们,他花了8年时间,将这数千万字的经文从头到尾通读了一遍。

马延圣正以一己之力,延续江北刻经处的圣火。

第十章

历代名人录

大明寺所历名人很多，仅据《大明寺志》所载，历代为大明寺写过记、序、赋、铭、诗、词、联的名人，就有唐人李白、高适，宋人沈括、欧阳修，元人陈孚、柳贯，明人袁宏道、文征明，清人孔尚任、全祖望，民国易君左、李豫曾，近人矛盾、郭沫若，等等。

因篇幅所限，现就鉴真弟子、外国友人、当代名流，择其要者，分述如下。

第一节　鉴真弟子

鉴真的中国弟子，知名者有思托、道航、祥彦、法进、灵祐、澄观等数十人。其中重要的有：

法进，扬州白塔寺高僧，鉴真弟子，品德、威望极高，为鉴真东渡的积极支持者。曾亲赴福州，筹备第三次东渡。后随鉴真第六次东渡日本，精通律学、医药，参加过圣武天皇的会诊。日本天台宗自成一派，始于最澄，而最澄天台律宗的学识是通过法进的弟子得到鉴真薪传的。

鉴真搬迁唐招提寺后,原来居住的唐禅院由法进掌管。他被日本朝廷任命为律师,升任大僧都,成为日本宗教界领导人物,著有《沙弥十戒》《威义经疏》《东大寺授戒方轨》等。

思托,台州开元寺高僧,鉴真弟子,鉴真六次东渡自始至终的支持者、参加者,被日本朝廷授予传灯大法师之位。天皇、皇太后等官员、僧俗受戒时,思托担任师证。他鼎力协助鉴真,参加唐招提寺的建筑,与日本工匠一道为鉴真塑造干漆夹纻坐像。鉴真圆寂后,思托升任唐招提寺住持,在日本享有极高声誉。有《延历僧录》《大唐传戒师僧名记大和上鉴真传》等著作。真人元开所著《唐大和上东征传》是以思托所写鉴真传记为底本,并保留了多处思托的原文。

灵祐,洛州大福先寺高僧,为大德高僧法慎弟子,长期在大明寺听鉴真讲律。灵祐对鉴真极其崇拜,反对鉴真冒险渡海。鉴真第二次东渡失败,进行第三次东渡时,灵祐邀约江淮诸寺三纲请求官府出面,劝阻鉴真渡海,致使第三次东渡失败。鉴真对此极为恼怒,灵祐在鉴真寝室外苦苦站了60个通宵,求得鉴真谅解。灵祐博学多才,后为栖霞寺住持。鉴真第五次东渡失败路过江宁,灵祐专程前往瓦官寺,邀请鉴真去栖霞寺慰劳供养三日。

第二节 外国友人

追随唐代高僧鉴真的外国人，知名的将近10人。其中重要的有：

荣睿，日本兴福寺僧人，奉日本朝廷之命随日本第九次遣唐使团到中国学习10年，德学兼优。与普照一道于唐开元二十四年（736）邀请大唐高僧道璿和婆罗门僧正菩提先期赴日本弘法。天宝元年（742）赴扬州大明寺邀请鉴真东渡，先后两次被官府捉拿，虽受牢狱之灾，依然紧随鉴真渡海。因积劳成疾，第四次东渡途中圆寂于端州。

普照，日本大安寺僧人，奉日本朝廷之命和荣睿一道

图10-1 荣睿碑亭

邀请大唐高僧。10多年间，始终如一紧随鉴真渡海，不顾牢狱之灾、风涛之险，最后随鉴真第六次东渡成功。他是邀请鉴真东渡的一大功臣。在日本，积极支持鉴真弘扬佛法，传播文化，是天皇、皇太后等人受戒的师证。日本朝廷敕赐他传灯大法师之位。

如宝，胡国人（中国以西国家的人），起初不是僧侣，据传当时在扬州为雕塑、造寺工匠，后随鉴真东渡日本。东大寺戒坛院建立后，由鉴真主持给他授具足戒，成为僧人。唐招提寺的如来立像，即为他和思托、军法力所造。唐招提寺地藏堂、经堂、钟楼及金堂，均为如宝设计并主持建造。曾担任下野药师寺戒师，负责下野方面传戒任务。鉴真对其十分赏识，临终前摩其头顶，将唐招提寺后事托付给他。后来成为唐招提寺第四任住持，先后被任命为律师和少僧都。

除了僧人，还有其他文化名人，如：

藤原清河，日本第十次遣唐使，唐天宝十一年（752）冬来到长安。从晁衡处得知鉴真东渡五次失败，决定邀请鉴真随遣唐使船赴日本。回国前向唐玄宗呈上奏文，请玄宗批准鉴真等随遣唐使船去日本。藤原清河和副使等专程到扬州，邀请鉴真渡海，鉴真应允。于是藤原清河与鉴真等人携带大批佛具、佛像、经卷、药材、字帖、工艺品等，于天宝十二年（753）冬从黄泗浦出发。四艘遣唐使船途

第十章 历代名人录

图10-2 吉备真备像

中被风浪打散,藤原清河乘坐的第一船最后漂至越南,几经辗转,回到长安,留在中国朝廷做官,最后病逝中国。

吉备真备,日本第十次遣唐副使。唐开元五年(717)到大唐学习,留居中国36年。将中国的法律、礼仪等传至日本,并且广泛推行。他是邀请鉴真的积极支持者,随藤原清河到扬州邀请鉴真。他乘的第三船和鉴真乘的第二船率先到达日本。鉴真一行住在奈良东大寺,吉备真备以

图 10-3 阿倍仲麻吕纪念碑

敕使身份来东大寺宣读天皇圣旨:"大德和尚远涉沧波投此国,诚副朕意,喜慰无喻。朕造东大寺经10多年,欲立戒坛,传授戒律,自有此心,日夜不忘。今诸大德远来传戒,冥契朕心。自今以后,授戒传律,一任大和尚。"随后又传旨日僧良辩进呈临坛诸僧名单。不久,鉴真、法进、思托、普照等被敕授传灯大法师之位。

阿倍仲麻吕,日本留学生,16岁随遣唐使来大唐,因才学过人,留在大唐做官,取汉名晁衡、朝衡。能诗善文,与李白友善,互有诗文往还。晁衡本想随遣唐使回国,因玄宗爱其才,不让他回国,便令其为大唐回访使去日本。晁衡和藤原清河等一道到扬州邀请鉴真,与藤原清河同坐第一船。到达阿儿奈波岛后,因船触礁不能前行,未能回到日本。消息传到大唐,众人以为第一船已经沉海,李白作诗《哭晁衡》:"日本晁衡辞帝都,征帆一片绕蓬壶。明月不归沉碧海,白云愁色满苍梧。" 后来晁衡和藤原清河死里逃生,辗转回到长安,仍在唐朝做官,官至左散骑常侍、安南都护、光禄大夫兼御史中丞、北海郡开国公。后在大唐逝世，享年70岁。

第三节　当代名流

当代大明寺名流，人数众多。代表性人物有：

能勤，俗姓吴，名学道，邗江人，生于1900年。23岁在宝应大王庙出家，拜镜波为师，同年在扬州重宁寺受戒。先后住常州天宁寺、扬州高旻寺、上海法藏寺。抗战后回扬州万寿寺，潜心研读《龙藏》全帙。常以其积蓄购买柴米油盐，送至立贞堂、崇节堂、小人堂、残废局等慈善机构。后任大准提寺住持、法净寺（今大明寺）住持。1963年，任扬州市佛教协会会长。"十年浩劫"期间，暂住紫气东来巷观音庵。1973年，日中友好宗教者恳谈会访华团来扬参拜法净寺，能勤返寺主持庙务。1980年，再次出任大明寺住持。同年4月，日本唐招提寺森本孝顺长老护送鉴真大师坐像回国探亲，能勤协助完成这一中日盛举，深受各方赞誉。1983年，被推选为扬州市佛教协会名誉会长。1987年9月9日圆寂，世寿88岁，僧腊65年。

瑞祥，号无我，江苏东台人，生于1912年，原中国佛教协会理事、江苏省佛教协会常务理事、扬州市政

图 10-4　作者韦明铧与大明寺方丈能修

协委员、大明寺方丈。1920 年在东台三昧寺出家，后至镇江玉心佛学院读书。1935 年初赴厦门南普陀寺，入读闽南佛学院。后随高僧太虚大师入湖北武昌世界佛学研究院深造。1936 年分别执教于北京法源寺佛学院及白雀寺佛学院。1937 年应邀担任北京广惠寺监院，后被推举为广惠寺方丈，又当选为北京市佛教协会首任会长。1969 年下放江苏东台老家务农。1980 年至南京灵谷寺任监院，被选为江苏省佛教协会常务理事。1987 年 2 月应邀并奉调担任扬州大明寺主僧。瑞祥工于书画，作品多散失。平生讲经传教无数，现存《金刚经讲记》，是为 1989 年香港同胞与佛门僧众宣讲。1992 年 5 月 10 日大明寺举行玉佛开光、瑞祥方丈升座仪式，是年 6 月 3 日圆寂。

能修，俗姓薛，名平生，1966 年生于江苏东台。1983 年依瑞祥和尚剃度于南京灵谷寺。1986 年受具足戒于南京栖霞寺。1987 年 2 月随瑞祥至大明寺。1992 年起全面负责大明寺工作。1999年12月升座大明寺方丈。能修法师主持大明寺工作后,新建了栖灵塔、卧佛殿、大斋堂、钟鼓双楼、僧寮大楼等;修葺了清帝御花园,使大明寺成为国家AAAA级风景区,接待了众多国内外游客。为弘扬佛法,1997年设立僧伽培训班,2001年创建大明寺佛学院,2003年举行鉴真佛教学院奠基仪式,并担任院长。能修多次随中国佛教代表团赴日本、缅甸、泰国、韩国等国,参加佛事交流活动,为扩大大明寺在海外的影响起了重要作用。

星云,俗名李国深,法号悟彻,1927年生于江苏江都。12岁在南京栖霞山出家。1949年到台湾,主编《人生杂志》《觉世旬刊》《今日佛教》等刊物,是佛光山开山宗师。

图10-5 星云大师

星云多次访问扬州,参拜扬州大明寺。在星云的倡导下,2005年6月鉴真图书馆破土动工,建筑为仿唐式,台湾佛光山文教基金会捐资5000多万元。2007年5月鉴真图书馆建成,内有国内最高层次的文化讲坛。2010年3月20日星云在"扬州讲坛"首讲,主题为"我是怎样走向世界的"。2013年11月9日星云再次登上"扬州讲坛",

主讲"中国梦的实现"。2016年4月22日适逢星云90岁寿辰,星云回到家乡,在"扬州讲坛"连续三天开讲"禅的文化生活"。他说:"我不是来扬州,我是回扬州。"2023年2月5日星云大师圆寂,享年96岁。

后　记

《大明寺》一书写得非常顺利,得益于我长期以来的资料积累。

很多年前,我在南京下关热河路书店买到一本中华书局出版的《唐大和上东征传》。这是《中外交通史籍丛刊》的一本,作者是唐代的日本人真人元开。那时我在南京港务局工作,对中外交通史很感兴趣。对《唐大和上东征传》的反复研读,让我初步了解唐代高僧鉴真的东渡传奇,以及中日两国1000多年前已有人员和文化交流的历史。特别是了解到,鉴真虽然在许多寺庙待过,扬州大明寺却是他离开故国前往日本的最后诀别之地。

与《唐大和上东征传》相媲美的,是上海古籍出版社出版的《入唐求法巡礼行记》。这是一本由日本来华的僧人圆仁所写的中国游记。圆仁来唐朝时,由于想去长安的日本留学僧太多,唐朝官府安排他暂时不要去长安,先在扬州安顿下来。这样,圆仁在唐朝的留学生活,最初的地点是在扬州。所以《入唐求法巡礼行记》有不少对于唐代扬州寺庙的描写,特别提到了鉴真和尚。

多年之后，我参加扬州市政协文史资料《扬州宗教》一书的编撰。在调查走访过程中，对扬州古今各种宗教、寺观与人物，有了深入的认识。其中，最重要的当然是大明寺和鉴真。

以上所说，是我多年来接触的与大明寺相关的书籍。在此同时，我的父亲和我本人，又相继参与了鉴真坐像从日本到扬州大明寺"返乡探亲"的外事活动。父亲为此创作了描写大明寺与鉴真的剧本《苦海沉浮》，我也为此策划了反映中日友好交往的邮册《鉴真》。这些重大活动的背景，都离不开大明寺。

我与大明寺的关系，还有几件事值得一提。一是我被鉴真学院聘为客座教授，多次在鉴真学院静谧的课堂里为年轻的比丘和比丘尼上课，讲过中国传统文化与佛教、扬州古代宗教等课。二是在鉴真学院的学报发表过好几篇文章，如研究文峰寺、重宁寺、大明寺的论文，还有一篇研究佛教与扬剧的论文等。三是在鉴真图书馆著名的"扬州讲坛"做过报告，那时新冠疫情仍在，偌大的会场却几乎座无虚席，次日的《扬州晚报》为此发表整版报道。

"扬州讲坛"是星云大师创办的。我到台湾瞻仰过星云的佛光山，在宜兴大觉寺与星云有过一面之缘，后来我在拙著《扬州烟花台北雨》中专门介绍了星云。星云大师对于鉴真的尊崇，对于大明寺的关爱，也是我努力写作《大明寺》的动力。

  《大明寺》一书共 10 章,其中"大明寺古今""栖灵塔诗话""鉴真纪念堂""鉴真佛学院""第五泉品茗""石涛在扬州""石涛与蜀冈""历代名人录"等章,都是题中应有之义。书中写到"平山堂怀古",平山堂不属于佛教,欧阳修甚至并不赞同释家。据说,一位僧人见欧阳修的儿子乳名僧哥,便问:"公不信佛,怎么用这样的名字?"欧阳修笑道:"世人希望小儿健康生长,往往以贱为名,就如用狗羊马为小名一样。"闻者都认为欧阳修应对敏捷,事出《道山清话》。此事究竟真假,实难考证。但是,欧阳修将平山堂建在大明寺左近,自宋代以来游人将堂与寺俱视为蜀冈名胜,现在大明寺与平山堂也宛如一家。所以,书中写平山堂和欧阳修,也合乎释家、儒家的包容仁厚之意。书中的"江北刻经处"一章,篇幅虽小,但我觉得十分得意。人们多知有金陵刻经处,不知有江北刻经处,殊不知两者的创始人都是扬州人郑学川(妙空)。而且,现在江北刻经处正在大明寺薪火相传。

  本书的最终完成,离不开《大明寺志》一书提供的参考,书中的各种史料,让我在纷纭的头绪中有了判断和辨别的依据。同时,也离不开袁杰先生为此书拍摄的大量精美照片。我请他为《大明寺》拍照时正当寒冬,他在完成我的嘱托后唯一的遗憾是照片中鲜有百花盛开的镜头。

这些照片也是纪实，真实地记录了《大明寺》一书写于癸卯岁末，天寒地冻也阻挡不了我追随鉴真大师远航到理想彼岸的决心。

2024 年 3 月 15 日于扬州醒堂